금융업의 사회적 책임이 회계정보의 질, 기업가치, 경영성과에 미치는 영향

(A study on the effect of Corporate Social Responsibility Activities on Accounting Quality, Firm Value and Performance in Financial Industry)

권한섭

서울경제경영

| 저자소개 |

권 한 섭

경기대학교 전자계산학과를 졸업하고 핀란드 알토대학교 경영대학원(Aalto University School of Business, 前 헬싱키경제대학)에서 MBA경영학 석사학위를 취득하고 서울과학종합대학원대학교(aSSIST)에서 경영학 박사 학위를 취득하였다. 1997년부터 IBK기업은행에서 30여년간 근무하면서 IT부서의 종합온라인 개발팀장, 개인마케팅부와 카드사업부 마케팅 팀장을 거쳐 경영전략본부 부장, 직원만족부장, 검사부장겸 수석검사역, 종로지점장, 서교동지점장 등을 역임하였으며, 현재는 IBK투자증권 상임고문과 서울과학종합대학원대학교 겸임교수로 재직하고 있다.

은행 재직 중 직원을 대상으로 한 연수프로그램에서 금융업무에 대한 다양한 강의 경험을 갖고 있으며, 한국베어링협회, 한국체인사업협동조합, 산업용재공구협회, 중소기업포럼 등 상공인관련 협회에서 중소기업CEO를 대상으로 금융에 대한 이해의 폭을 넓히기 위한 각종 강의 활동을 하였다.

주요논문으로는 "금융업의 사회공헌활동과 회계정보의 가치관련성","기업의 사회적 책임활동이 회계정보의 질에 미치는 영향 - 금융업을 중심으로","금융업의 사회적 책임이 기업가치와 경영성과에 미치는 영향" 등이 있다.

들어가는 글

최근 많은 기업들은 기업의 이익 증대 또는 기업가치 향상을 위해 기업의 사회적 책임을 보다 적극적으로 실천하고자 노력하고 있다. 이미 학계에서도 기업의 사회적 책임이 해당 기업의 이윤 또는 기업 가치를 증대시키는 지에 대해서 많은 관심을 가지고 있으며, 이와 관련한 국내·외 실증연구결과들도 많이 제시되고 있다.

기업의 사회적 책임과 기업가치 및 재무성과와의 관계에 대해 긍정적인 관계, 부정적인 관계, 중립적인 관계가 모두 제시되고 있어서, 현재로선 어느 쪽으로도 정확한 결론을 내리기 어려운 실정이다. 하지만 최근의 연구결과들에서는 기업의 사회적 책임이 기업의 가치를 향상시키고 경영성과를 증가시키고 있다는 결과들이 제시되고 있어, 기업의 사회적 책임은 어느 기업에게 있어서나 글로벌시장에서 살아남고 발전하기 위한 기업의 경쟁력 있는 필수조건임은 분명한 사실이다.

이에 본 연구에서는 제조업 중심의 선행연구와는 차별되게 금융업을 중심으로 금융업의 사회적 책임이 회계정보의 질, 기업가치, 경영성과에 미치는 영향을 연구주제로 선정하여 세 가지 측면에서 실증분석을 하였다.

첫째, 금융업을 대상으로 사회적 책임의 자발적인 활동인 지속가능경영보고서 발간여부와 회계정보와의 가치 관련성에 대한 분석 및 사회적 책임 비용 중 사회적 책임 지출이 높은 기업을 적극적인 사회적 책임 기업으로 구분하고 기부금과 복리후생비를 각각 외부 사회적 책임과 내부 사회적 책임 대용변수로 측정하여 회계정보와의 가치 관련성에 대한 분석을 실시하였다.

둘째, 금융업을 중심으로 한 기업의 사회적 책임 활동에 따라 회계정보의 질에 어떠한 영향을 미치는 지에 대해서 살펴보았으며, 회계정보의 질을 이익의 질과 발생액의 질 두 가지 측면으로 나누어 회계정보의 질에 미치는 영향에 대해서 실증분석하였다.

셋째, 금융업을 중심으로 한 기업의 사회적 책임과 기업가치 및 경영성과와의 관계에 대해서 살펴보았다. 금융업의 사회적 책임을 지속가능경영보고서 발간여부로 구분하고 지속가능경영보고서를 발간한 기업과 그렇지 않은 기업 간에 기업가치 및 경영성과에 차이가 있는지에 대한 연구를 수행하였다.

세 가지 연구의 실증분석결과는 다음과 같다.

기업의 사회적 책임의 측정치인 지속가능경영보고서를 자발적으로 공시한 기업이 공시하지 않은 기업에 비해 순자산과 회계이익에 대한 가치관련성이 보다 높은 것으로 나타났다.

사회적 책임을 내부와 외부로 구분하여 회계정보의 가치 관련성을 분석한 결과 외부 사회적 책임의 수준이 높은 기업의 순자산과 회계이익의 가치 관련성이 낮은 기업의 가치 관련성보다 높은 것으로 나타났다. 그러나 외부 사회적 책임 수준에 대한 분석결과와 달리 내부 사회적 책임 수준이 높은 기업의 회계정보 가치 관련성이 낮은 기업의 회계정보 가치 관련성보다 오히려 낮은 것으로 나타났다.

또한 기업의 사회적 책임 활동 중 지속가능경영보고서 발간여부와 이익 지속성과의 관계에 대한 분석결과, 지속가능경영보고서 발간기업이 그렇지 않은 기업에 비해 이익 지속성 계수는 큰 것으로 나타났으나 통계적으로 유의성은 없는 것으로 나타났다. 기부금 지출액에 따른 이익 지속성과의 관계의 분석결과에서는 기부금 지출액이 평균보다 큰 기업이 그렇지 않은 기업의 이익 지속성 계수는 크고 통계적으로 유의한 것으로 나타났다.

기업의 지속가능경영보고서 발간여부에 따른 재량적 발생액과의 관계에서는 유의한 음(−)의 관련성을 보이는 것으로 나타났으며, 기부금 지출액에 따른 재량적 발생액과의 관계에서도 유의한 음(−)의 관련성을 보이는 것으로 나타났다.

마지막으로 기업이 수행하는 사회적 책임과 기업가치는 통계적으로 유의한 양(+)의 관련성을 갖는 것으로 나타났다. 기업의 사회적 책임은 당기의 기업가치 뿐만 아니라 미래의 기업가치에 양(+)의 영향을 미치고 있다는 결과를 제시하였다. 즉, 이러한 결과는 자본시장 참여자들은 기업의 사회적 책임을 긍정적 신호로 인지하고 있음을 뒷받침하는 결과라 할 수 있다.

기업의 사회적 책임은 당기의 경영성과 뿐만 아니라 미래의 경영성과에도 통계적으로 유의한 양(+)의 영향을 미치고 있다는 연구결과를 제시하였다.

■ 목 차

Chapter 01 서 론

1. 연구의 배경 및 목적

(1) 연구의 배경

1960년대 이후로 기업 활동에 따른 환경오염문제를 중심으로 본격적으로 제기되기 시작한 기업의 사회적 책임은 1980년-90년대를 지나면서 소비자 보호, 종업원의 노동기본권 보장, 회계의 투명성과 기업지배구조, 건전한 기업운영 등 기업 활동 전반으로 확대되고 있다. 이에 따라 세계 각국의 많은 기업들이 기업의 사회적 책임을 기업경영의 주요 목표로 삼고 이행 노력을 확대해 나가고 있으며, 글로벌 시장에서는 사회적 책임을 다하지 않는 기업에 대해서는 거래 중단 조치 등 다양한 방면에서 기업의 사회적 책임에 대한 국제적인 기준이나 규범도 갈수록 엄격해지고 확대되는 경향을 보이고 있다.

기업은 재화와 서비스를 생산하고 판매하면서 수익을 창출하고 그 과정에서 일자리 창출과 임금 지급 등의 과정을 통해 직·간접적으로 사회와 상호관계를 가진다. 기업의 사회적 책임(Corporate Social Responsibility : CSR)은 기업의 이해관계자들이 기업에 기대하고 요구하는 사회적 의무들을 충족시키기 위해 수행하는 활동으로, 기업이 자발적으로 사업 영역에서 이해관계자들의 사회적·환경적 관심사들을 분석하고 수용하여 기업의 경영 활동에 적극적으로 적용하는 과정을 통해 이해관계자들과 지속적인 상호작용을 이루는 것을 의미한다. 즉 기업의 사회적 책임은 기업의 생존을 위해서 경제적 성과뿐만 아니라 윤리적이고 환경적이며 자선적인 책임을 고려해야 하며, 사회적 책임은 이를 달성하기 위한 기업의 노력이자 과정이라고 볼 수 있다. 기업의 사회적 책임이란 기업을 경영하는 과정에서 사회 구성원의 하나로 기업이 사회에 가져야 하는 책임을 의미한다고 할 수 있다.

기업이 사회적 책임을 수행하는데 있어서 가장 대표적인 활동은 사회공헌활동으로, 기업의 사회적 책임은 기업의 이윤추구 목적 외에 사회에 대한 책임을 져야한다는 것이다. 이러한 기업의 사회적 책임을 수행한 형태가 사회공헌활동이며, 자선사업이나 종업원의 복지, 공공사업을 돕기 위한 대가없이 자발적으로 수행하는 활동 등이 사회적 책임인 것이다.

기업의 사회적 책임이 중요시되면서 기업의 사회적 책임을 실행하는 의미를 담고 있는 사회공헌활동이 주목을 받고 있으며, 기업의 사회적 책임은 기업의 본질적인 활동인 경제적 역할의 차원을 넘어서 보다 적극적인 차원에서 사회발전에 기여하는 방향으로 발전하고 있다.

한편 기업의 환경대응과 사회공헌에 있어서 금융업의 역할은 점점 강조되고 있으며, 금융업에서도 지속가능경영이 기업의 핵심가치로 대두되면서 이해관계자들은 기업에 대하여 투자를 통한 고용확대 등 기업 본연의 역할 뿐만 아니라 사회적 책임과 환경적 책임도 함께 수행할 것을 기대하고 있다.

국내에서도 사회적 책임에 대한 연구가 다방면에서 진행되고 있지만 대부분의 연구가 비금융업 상장기업을 중심으로 한 기업의 사회적 책임 및 기업의 사회공헌활동에 대한 연구이며, 금융기관을 대상으로 사회적 책임에 대한 연구는 거의 이루어지고 있지 않은 실정이다. 이는 금융기관의 사회적 책임은 범위가 명확하지 못하고 사회적 책임의 적정성과 규모를 파악하는데 다소 어려움이 있기 때문이다(김영훈, 2016).

국내의 사회적 책임에 대한 연구는 경제정의실천시민연합의 산하기관인 경제정의연구소에서 발표하는 경제정의지수(Korea Economic Justice Institute Index : KEJI)와 한국기업지배구조원에서 공시하는 ESG 평가지수를 사용하고 있지만, 금융권에 대해서는 경제정의지수 등을 따로 공시하고 있지 않아서 별도의 사회적 책임에 대한 지표를 얻기 어려운 실정이다(김영훈, 2016).

최근 들어 전 세계적으로 윤리, 환경, 사회, 지배구조 등 기업의 사회적 책임 활동의 중요성과 필요성에 대해 인식하고 있으며 경영전략의 필수요건으로 인식하고 있다. 이는 금융업에서도 예외사항이 아니며, 글로벌 은행의 리보금리 조작 사건에서도 볼 수 있듯이 비윤리적인 영업활동 행위는 은행의 수익성 악화는 물론 자금조달과 해외진출 등 기업의 활동에도 직·간접적으로 영향을 미친다(이은주, 2016).

금융업의 사회적 책임은 단지 일반 기업들에 대한 기업의 사회적 책임과는 다른 산업자체의 사회적 책임이 있다는 것이 가장 큰 차이점이다. 이는 이른바 금융의 공공이라고 지적받는 사항이며 금융은 그 자체가 독과점적인 규제산업이자 정부나 국가의 보호나 배려가 있는 사회적 인프라를 필요로 한다는 점이다. 이른바 적절한 과정에서 취득된 적정한 이익과 얻어진 이익의 건전한 관리가 매우 중요하다고 볼 수 있다(전국금융산업 노동조합, 2007).

한편 글로벌 금융위기 이후 금융업종의 기업에 대한 신뢰의 추락과 경영환경의 변화에 따라 금융업계의 윤리경영과 사회적 책임이 재차 강조되고 있다. 금융업은 무형상품 취급과 신뢰를 바탕으로 사업을 영위하는 특성상 투명한 이미지 형성이 무엇보다 중요하기 때문이다. 이를 위해서는 기업의 사회적인 측면과 윤리적인 측면에서의 책임을 다함으로써 고객의 신뢰도를 얻기 위한 노력들이 필요하며, 적극적으로 수행할 필요성이 있다. 즉 금융업의 사회적 책임은 금융기관이 금융상품과 서비스의 제공을 통한 이익의 추구 활동을 넘어 주주, 고객 등 이해관계자의 사회적 기대를 충족시켜줄 수 있도록 책임을 고려하여 경영하는 것을 의미한다.

국내의 경우는 2003년부터 기업 및 공공기관들을 중심으로 국제 가이드라인에 따라 지속가능보고서를 발행하고 있으며, 금융업은 금융업 자체적으로 사회적 책임 보고서 표준안에 따라 작성된 은행 사회적 책임보고서를 발행하고 있다. 또한 2011년부터는 경실련 '좋은 기업상' 평가업종에 금융업(증권, 보험, 은행)을 추가하여 평가에 반영하고 있다.

이처럼 금융업의 사회적 책임에 대한 노력이 다양하게 수행되고 있으나 기업의 사회적 책임이 경영활동 전반에 있어서 금융의 본질적 특성과 잘 조화가 이루어져야 금융기관이 보다 발전할 수 있다는 인식이 부족하며 실천방법에도 문제가 있다고 볼 수 있다(이윤복, 2016). 나아가 전면적이고 적극적인 사회적 책임에 대한 수용이라기보다 최소한의 방어로서의 사회적 책임을 제한적으로 도입하고 있는 것으로 보인다.

일반기업과는 달리 개인 및 기업의 금융자산을 취급하는 금융업의 사회적 책임은 경제적 책임, 법적 책임, 윤리적 책임 및 공헌적 책임으로 구분된다. 기업의 사회적 책임 활동 측면에서 모든 책임이 중요한 의미를 가지고는 있지만, 특히나 금융업의 경우 개인의 금융자산을 위탁, 운용하고 경제적 이익을 사회 구성원과 공유한다는 측면에서 공헌적 이익이 더욱 중요한 의미를 가진다(류성경, 2003).

미국 론스타의 외환은행 인수와 관련하여 투명성에 대한 의혹이 제기되었던 사건과 저축은행 부실 대출 등은 금융업을 중심으로 한 사회적 책임을 소홀히 한데 그 원인이 있다. 금융업을 중심으로 한 사고는 산업 전체로의 파급효과는 물론 엄청난 규모의 사회 경제적 손실을 초래할 수 있으므로, 이러한 사건이 발생되지 않도록 하기 위하여 금융업의 사회적 책임 활동은 더 강조되어야 한다.

(2) 연구의 목적

최근 많은 기업들은 기업의 이익 증대 또는 기업가치 향상을 위해 기업의 사회적 책임에 보다 적극적으로 실천하고자 노력하고 있다. 이미 학계에서도 기업의 사회적 책임이 해당 기업의 이윤 또는 기업 가치를 증대시키는 지에 대해서 많은 관심을 가지고 있으며, 이와 관련한 국내·외 실증연구결과들도 많이 제시되고 있다.

기업의 사회적 책임과 기업가치 및 재무성과와의 관계에 대해 긍정적인 관계, 부정적인 관계, 중립적인 관계가 모두 제시되고 있어서, 현재로선 어느 쪽으로도 정확한 결론을 내리기 어려운 실정이다. 하지만 최근의 연구결과에서는 기업의 사회적 책임이 기업의 가치를 향상시키고 경영성과를 증가시키고 있다는 결과들이 제시되고 있어, 기업의 사회적 책임은 어느 기업에게 있어서나 글로벌시장에서 살아남고 발전하기 위한 기업의 경쟁력에 있어 필수조건임은 분명한 사실이다.

이에 본 연구에서는 금융업 중심의 기업을 대상으로 하여 금융업의 사회적 책임이 회계정보의 질, 기업가치, 경영성과에 미치는 영향을 크게 세 가지 측면에서 고찰하고자 한다.

첫째, 기업의 사회적 책임의 자발적인 활동인 지속가능경영보고서 발간 여부와 회계정보와의 가치 관련성에 대한 분석 및 사회적 책임 비용 중 사회적 책임 지출이 높은 기업을 적극적인 사회적 책임 기업으로 구분하고 기부금과 복리후생비를 각각 외부 사회적 책임과 내부 사회적 책임 대용변수로 측정하여 회계정보와의 가치 관련성에 대한 분석을 실시하고자 한다.

이러한 연구는 사회적 책임의 중요성이 부각되고 있는 이 시점에 금융권의 사회적 책임에 대한 현황을 살펴보고, 기업의 자발적인 사회적 책임과 적극적인 사회적 책임에 대한 투자가 회계정보에 어떠한 영향을 미치는지에 대한 분석을 수행하는데 의의가 있다.

둘째, 금융업을 중심으로 한 기업의 사회적 책임에 따라 회계정보의 질에 어떠한 영향을 미치는 지에 대해서 살펴보고자 하며, 회계정보의 질을 이익의 질과 발생액의 질 두 가지 측면으로 나누어 회계정보의 질에 미치는 영향에 대해서 분석해 보고자 한다.

셋째, 금융업을 중심으로 한 기업의 사회적 책임과 기업가치 및 재무성과와의 연구에 대해서 살펴보고자 한다. 금융업의 사회적 책임 활동을 지속가능경영보고서 발간여부로 구분하고 지속가능경영보고서를 발간한 기업과 그렇지 않은 기업간에 기업가치 및 경영성과에 차이가 있는지에 대한 연구를 수행하고자 한다.

한편, 기업의 사회적 책임과 기업가치 및 재무성과와의 관계에 대한 기존 연구는 대부분 제조업을 중심으로 한 연구결과이며, 일반기업과 다른 특성을 가지고 있는 금융업을 대상으로 사회적 책임과 기업가치, 경영성과의 관계를 검증하는 것은 의미 있는 연구가 될 것이다.

본 연구를 통하여 금융업의 사회적 책임이 회계정보의 질과 기업가치 를 증대시키고 경영성과를 향상시키는 연구결과가 제시된다면 금융업의 사회적 책임을 일반

기업과 동일하게 경쟁력 차원에서 전략적으로 접근하여 경쟁적 우위를 창출할 수 있는 원천으로 인식해볼 수 있는 시사점을 제시해 볼 수 있을 것이다.

2. 연구의 방법 및 구성

(1) 연구의 방법

본 연구는 금융업의 사회적 책임이 회계정보의 질, 기업가치, 경영성과 미치는 영향을 세 가지 주제로 연구를 진행하였다. 본 연구의 검증하기 위하여 2005년부터 2015년까지 유가증권시장 상장기업이며 금융업종을 대상으로 지속가능경영보고서를 발간한 기업, 복리후생비, 기부금 자료를 입수할 수 있는 기업을 대상으로 하였다. 지속가능경영보고서 발간여부는 대한상공회의소 산하 지속가능경영원 사이트를 통해 확인하였으며, 기부금 자료는 전자공시시스템(DART) 상 감사보고서를 통해 수집하였다. 재무자료 및 주가자료는 (주)한국신용평가의 Kis-Value를 이용하여 추출하였으며 실증분석을 위하여 SAS 9.1을 이용하였다.

첫 번째 연구는 기업의 사회적 책임이 회계정보와의 가치 관련성에 대한 분석 및 사회적 책임 지출이 높은 기업을 적극적인 사회적 책임 기업으로 구분하고 기부금과 복리후생비를 각각 외부 사회적 책임과 내부 사회적 책임 대용변수로 측정하여 회계정보와의 가치 관련성에 대한 분석을 실시하였다.

두 번째 연구는 금융업의 기업의 사회적 책임 활동에 따라 이익의 질과 발생액의 질 2가지 측면으로 나누어 회계정보의 질에 미치는 영향에 대해서 분석을 실시하였다.

세 번째 연구는 금융업을 중심으로 한 기업의 사회적 책임이 기업가치와 재무성과에 미치는 영향에 관하여 분석을 실시하였다.

(2) 연구의 구성

본 논문은 〈표 1〉과 같이 총 6개의 장으로 구성되어 있다.

제 1장 서론에서는 연구의 배경 및 목적 그리고 연구의 방법과 구성에 대하여 기술하였고,

제 2장에서는 기업의 사회적 책임과 금융업의 사회적 책임과 성과에 대한 이론적 배경과 선행연구의 결과를 검토하고 종합한다.

제 3장에서는 기업의 사회적 책임과 회계정보와의 가치 관련성에 대한 분석을 실시하고자 한다.

제 4장에서는 금융업을 중심으로 한 기업의 사회적 책임에 따라 회계정보의 질에 어떠한 영향을 미치는 지에 대해서 살펴보고자 하며, 회계정보의 질을 이익의 질과 발생액의 질을 2가지 측면으로 나누어 회계정보의 질에 미치는 영향에 대해서 분석해 보고자 한다.

제 5장에서는 금융업을 중심으로 한 기업의 사회적 책임과 기업가치 및 경영성과와의 연구에 대해서 살펴보고자 한다.

마지막 제 6장은 본 논문의 결론으로 세 가지 연구의 결과를 요약하며 시사점을 검토하고, 본 연구의 한계점과 후속연구를 위한 과제를 제시하였다.

| 표 1 | 논문의 구성 및 연구유형

구 분	제 목	연구유형
제 1장	서 론	
제 2장	이론적 배경과 선행연구의 검토	
제 3장	금융업의 사회적 책임과 회계정보의 가치관련성	실증연구[1]
제 4장	금융업의 사회적 책임이 회계정보의 질에 미치는 영향	실증연구[2]
제 5장	금융업의 사회적 책임이 기업가치와 경영성과에 미치는 영향	실증연구[3]
제 6장	결론 및 시사점	

1) 권한섭, 박종원(2016), “금융업의 사회공헌활동과 회계정보의 가치관련성”, 상업교육연구, 30(5), 209-230에서 발췌하여 재편집하였음.
2) 권한섭, 박종원(2016), “기업의 사회적 책임활동이 회계정보의 질에 미치는 영향 : 금융업을 중심으로”, 세무회계연구, 50, 193-212에서 발췌하여 재편집하였음.
3) 권한섭, 박종원(2017), “금융업의 사회적 책임활동이 기업가치와 경영성과에 미치는 영향”, 기술경영, 2(1), 25-40에서 발췌하여 재편집하였음.

Chapter

02 이론적 배경과 선행연구의 검토

1. 이론적 배경

(1) 기업의 사회적 책임

Horold Johnson(1971)은 기업의 사회적 책임이란 사회가 부여한 기업의 역할 속에서 사회의 규범을 실행함으로써 사회경제적 목적을 추구하는 것이라고 정의하였으며, David(1973) 역시 기업의 사회적 책임을 기업의 경제적 이익과 연관시켜 적극적으로 정의하면서 기업은 기업의 결정이 전통적인 이윤추구 뿐만 아니라 사회에도 어떤 긍정적인 영향을 미치는지에 대해 평가할 의무가 있다고 주장한다. 이외에도 많은 연구자들이 다양한 견해로 나름 데로의 정의를 마련하여 주장하고 있지만 일반적인 정의는 기업이 주변의 경제 · 사회 · 환경적 요소에 대해 책임을 갖고, 이를 기업 활동에 자발적으로 반영하는 것이라고 볼 수 있다.

그렇지만 기업의 사회적 책임을 부정적 효과로 보는 시각도 있다.

1960년대 신고전학파를 중심으로 Arthur Laffer(1960)는 기업의 사회적 책임 활동이 주주들에게 무책임한 행동이라고 주장하며 현대적 기업은 주주의 부를 창조해주는 매개체의 역할을 의미한다고 역설하였으며 경영자는 이를 항상 명심해야 한다고 주장하였다.

Milton Friedman(1970)은 기업은 단 하나만의 책임, 즉 경제적 성과만 내면 된다고 주장하며 경영자는 주주의 대리인으로서 주주들의 이익을 보장하는 도덕적 책임이 요구되고 사회공헌 행위는 금지해야 하며, 만약 사회적 요구가 거세질 경우 세금을 더 내면 된다는 논리를 주장하였다.

Vogel(2005)은 이러한 신고전학파들의 주장이 CSR이 마치 결점이 많은 개념으로 인식하고 있으며, 기업의 사회적 책임 활동은 기업들이 주주가치 최대화에 계속 주력해야 하는 목표의 중요성을 간과하고 있다고 주장한다.

Carroll(1999)은 기업은 사회구성원으로서 당연히 책임 있는 역할을 수행해야 하며 살기 좋은 사회를 만들기 위한 하나의 도구(tool)적 역할이라는 이해관계자이론에 기초하여 기업의 사회적 역할을 강조하였는데 그는 기업이 장기적으로 사회의 요구를 외면할 경우 결국 사회 전체의 비용으로 되돌아오게 되어 기업의 비용지출이 증대될 수밖에 없으니 사회 전체의 발전이 결국 기업의 발전에도 유리하다는 주장으로 기업의 사회적 책임에 대한 긍정적 효과를 주장하였다.

하지만 기업들이 이윤을 추구하는 과정에서 나이키의 아동노동 스캔들('98), 폭스바겐의 배출가스 조작사건('15), 옥시의 유해성가습기 살균제 사건('15) 등 다양한 사회적 문제들이 야기되면서 기업의 사회적 책임을 호소하는 목소리가 점차 높아지고 있다.

미국, EU, 인도, 중국 등을 포함한 주요 80여개의 국가와 다국적 기업들은 국제기구를 중심으로 기업의 사회적 책임을 촉구하는 움직임을 활발하게 진행하고 있는데 2000년에 UN글로벌콤팩트(UNGC) 발족, 2010년 사회적 책임에 대한 국제표준(ISO26000) 제정, 2015년 UN지속가능발전목표(SDGs) 선포 등 사회문제 해결을 위한 기업의 역할을 지속적으로 강조하고 있는 추세이다(IBK경제연구소, 2017).

이제 기업의 사회적 책임은 기업이 단순히 기부와 봉사활동 등과 같이 사회공헌 활동뿐만 아니라, 지속가능한 경영을 위해 기업 활동이 사회에 긍정적인 영향을 미치고 있으며 바람직한 과정을 거쳐 이루어지고 있는지를 감안해야 하는 것이다.

기업은 사회 구성원이며 그들의 경제적 행위는 사회적 관계에 기초해 구성된다(Uzzi, 1997). 기업의 경제적 행위가 사회적 맥락에서 구성되기 때문에 기업의 활동은 다양한 사회적 관계들의 영향을 받게 되는 것이다. 따라서 기업의 사회적 책임을 보는 관점과 이해의 방식은 기업과 기업을 둘러싼 사회 구성원들 간의 상호작용을 통해서 형성된다.

기업의 사회적 책임 활동은 기업의 경제적 성과에 대한 관심을 토대로 더 이상의 윤리나 의무의 영역이 아니라 이윤과 사회적 기여를 동시에 추구하는 통합된 전략으로서의 의미를 갖게 되며, 최근에 들어서는 기업의 경영전략 차원에서 기업의 사회적 책임 활동이 고려되기 시작하였다.

▌표 2▐ 기업의 사회적 책임에 대한 연구자들의 정의

연구자(년)	정 의	차 원
Marrewijk (2003)	지속가능경영과 기업의 사회적 책임은 경영활동과 이해관계자와의 상호작용 안에서 사회와 환경에 대한 자발적인 관심행동을 말한다.	자발적, 경제적, 이해관계자, 사회적, 환경적
Andersen (2003)	기업의 사회적 책임은 사회의 한 구성원으로서 시민의식을 갖고 즉각적인 이익을 넘어서 미래세대와 자연을 존중하는 행동을 말한다.	이해관계자, 사회적, 환경적
Hopkins (2003)	CSR은 기업의 이해관계자들에게 윤리의식과 책임을 갖는데 있다. 윤리의식과 책임은 문명사회에서 받아들여질 수 있는 수단으로 이해관계자에게 대하는 것을 말한다. 또한 경제적 책임을 수반하며 이해관계자들은 회사 내외에 존재한다. CSR의 광의의 목적은 기업의 이익을 함께하면서도 기업과 내외적 사람들의 삶의 질을 더 향상시키는데 있다.	자발적, 이해관계자, 사회적, 경제적
Lea (2002)	CSR은 법적 의무를 넘어 기업의 환경적 사회적 영향력을 기업 내외적 대상에 대한 관리적 노력이라 할 수 있다. 이는 환경보호를 위한 노력은 물론 그들의 근로자, 공급자, 고객, 그리고 지역사회를 유기적 관계로 형성하려는 노력을 포함한다.	자발적, 이해관계자, 사회적, 환경적
Pinnet (2001)	기업의 사회적 책임 혹은 기업 시민의식은 기업경영을 통해 발생하는 부정적 영향을 최소화 하는 동시에 긍정적인 영향을 최대화 할 수 있도록 하는 일련의 경영실천을 말한다.	사회적

주) 1. Dahlsrud(2008), How Corporate Social Responsibility is Defined: an Analysis of 37 Definitions

현재까지도 기업의 사회적 책임을 정의하기 위한 수많은 논의가 진행되고 있는 가운데 학계에서는 다양한 방법과 형태로 기업의 사회적 책임을 정의하고 있으며, 위의 〈표 2〉는 기업의 사회적 책임에 대한 연구자들의 정의를 환경적, 사회적, 경제적, 이해관계자, 자발적 차원으로 구분하여 설명하고 있다(Dahlsrud, 2008).

아래의 〈표 3〉은 기업의 사회적 책임에 대한 국제기구들의 다양한 정의이다.

┃표 3┃ 기업의 사회적 책임에 대한 국제기구들의 정의

국제기구	정 의
국제표준화기구(ISO)	기업의 경제·사회·환경문제 등에 대한 기여를 통해 사람·사회 전체에 혜택을 가져 오는 것
세계은행(World Bank)	선량한 경영개발을 통한 지속 가능한 경제적 발전과 직원 및 그들의 부양가족, 지역사회 등 사회가치 증진에 기여하는 일련의 기업 활동
유럽연합(EU)	자발적인 사회적·환경적 관심 통합과 이해관계자와의 상호작용을 하는 기업의 경영 활동
경제협력개발기구(OECD)	기업이 사회와의 공생관계를 성숙 발전시키기 위하여 취하는 행동
국제노동기구(ILO)	기업이 법적 의무를 넘어서 자발적으로 이해관계자들에게 미치는 영향
CSRwire	고객, 직원, 투자자, 그리고 환경 등 모든 이해관계자의 가치를 고려한 기업의 전사적 노력
세계지속가능발전기업협의회(WBCSD)	환경을 파괴하지 않는 경제적 개발, 직원과 그들의 가족 및 해당 지역사회가 함께 일하며 사회 전체의 삶의 질이 개선되는데 기여하는 기업의 의무
사회적 책임을 위한 경영자 협의회(BSR)	사회가 비즈니스를 소유하고 있다는 윤리적, 법적, 상업적, 공적인 기대 수준을 충족시키는 수준 또는 초과하는 수준으로 비즈니스를 행하는 것

주) 1. Dahlsrud(2008), How Corporate Social Responsibility is Defined: an Analysis of 37 Definitions

(2) 금융업의 사회적 책임

사회공헌이라는 의미는 기업의 경제적, 법적, 윤리적, 자선적 책임을 모두 포함하는 명칭을 말하는 기업의 사회적 책임 중 특별히 자선적 책임을 강조하는 기업의 사회적 책임을 사회공헌활동이라고 부른다. 다시 말해서 기업의 사회적 책임은 기업이 사회 구성원으로서 수행해야 하는 여러 가지 책임 중에서 기업의 본래 목적인 경제적 활동 이외에 자발성을 전제로 여러 분야에서 다양한 방식으로 사회발전에 기여하는 행동을 의미하는 것이다.

Carroll(1979)은 사회적 책임을 사회적 책임의 구성항목 중에서 자선적 책임에 해당하는 활동으로 정의하기도 하였으며, 기업의 사회적 책임은 사회적 공익활동이 강조되는 사회공헌으로 의무성보다는 자율성이 강조되는 개념이라고 볼 수 있다.

기업의 사회적 채임에 대한 많은 연구자들의 연구에서는 제조업과 서비스업 등 다양한 산업에 대한 연구가 이루어지고 있지만 유독 그들의 연구에서 금융업이 제외되는 경우가 있는데 이는 금융업이 일반기업과 비교하여 재무자료의 판단 기준 및 기업 규모 분류 기준에 있어서 차이점을 갖고 있기 때문일 것이다.

따라서 본 연구에서는 은행을 포함한 금융업의 사회적 책임에 관하여 연구함으로서 금융업의 사회적 책임이 일반기업과는 어떤 차이점을 보이고 있는지 또는 같은 결과를 보이고 있는지도 관심 있게 볼 필요가 있다.

일반기업들이 대부분 이윤을 극대화하는 상업성에 치중되어 있다면 금융업은 상업성과 공공성을 동시에 가지고 있다. 공공성은 흔히 효율성과 수익성, 성장성으로 대변되는 상업성에 대한 상대적 개념으로, 금융업에서의 공공성은 금융시장에서 발생하는 시장 실패나 조정 실패에 대한 정부나 공공기관의 보정 기능과 밀접한 관련성을 가진다.

금융업의 경우 공공성은 공정성과 공익성을 포함하여 사회에 대한 소극적 책임으로서 투명성·윤리·인권 및 환경 문제 등에서 사회적 가치를 제고시켜 사회 전체에 이익이 되도록 하는 행위를 의미한다.

공공성은 금융업의 지급결제 기능과 같이 본질적 성격에 내재된 기능에 기인해 이뤄지는 것이며 공정성은 금리 및 수수료의 적정수준 유지 등과 간이 영업과정을 통해서 책임 경영을 구현할 수 있다. 또한 공익성은 영업활동 후에 지역공동체 지원 등과 같이 사회적 공헌활동을 통해 이뤄지는 책임활동을 의미한다(김대익, 2102).

기업의 사회적 책임은 금융업에서 보다 적극적인 사회적 역할로서 사회적 책임은 물론 사회에 대한 공헌도가 보다 중시된다고 할 수 있다. 다시 말해서 주변에 있는 다수의 사회 구성원의 공동 이익을 적극적으로 향상시키는 특성으로 이해될 수 있으며, 금융업에 있어서 보다 적극적이고 넓은 의미의 사회적 공헌 활동이라고 할 수 있다(김백준, 2013).

또한 금융업은 규제산업으로, 일정한 요건을 갖추고 금융당국의 허가를 받아야만 설립이 가능하다. 이러한 진입규제로 인해 경쟁이 제한되어 은행들은 일정부분 독과점적인 이익을 올리고 있다고도 볼 수 있다. 은행이 부실화될 경우에는 정부를 통한 공적자금 등의 투입으로 일반 기업과는 다른 혜택을 보고 있다고 볼 수 있으며 이러한 측면에서도 금융업에서의 사회적 책임은 요구된다.

이러한 관점에서 살펴볼 때 금융업은 공적자금에 기초한 높은 수준의 건전성과 수익성을 실현하고 있는 기업의 형태이므로, 타 일반 기업들과는 달리 적극적인 사회적 책임을 수행할 의무가 여기에 있는 것이다.

금융업에서의 투명성과 윤리, 인권 및 환경문제 등의 가치제고를 통한 사회 전체의 공익화라는 사회에 대한 소극적 책임을 넘어서서 적극적인 사회적 책임의 관점에서 이해관계 내지 주변에 존재하는 다수의 사회 구성원들의 이익을 적극적으로 향상시킬 수 있는 사회적 책임이 필요하며 이러한 활동들이 강조되어야 하는 것이다.

은행연합회와 은행은 자원배분의 중심기구로서 은행산업에서 기대되고 있는 경제적 책임과 함께 사회적 책임, 환경적 책임을 체계적으로 수행하기 위한 노력과 은행의 사회적 책임을 통해 사회구성원 공동 이익의 향상을 위한 다각적인 방면으로 노력을 기울이고 있다(전국은행연합회, 2006).

전국은행연합회에서는 금융기관의 사회적 책임에 대한 공시를 목적으로 2006년부터 매년 은행 사회적 책임보고서를 발간하고 있다. 은행 사회적 책임 보고서는 은행 공동 사회적 책임과 은행별 사회적 책임, 사회적 책임금융 등에 대한 내용을 수록하고 있다.

❙표 4❙ 금융업의 사회적 책임 금액 현황

구 분(단위)	11년	12년	13년	14년	15년
사회공헌금액(억원)	6,614	6,990	6,105	5,146	4,651
당기순이익(조원)	11.8	8.7	3.9	6.1	3.4
당기순이익 대비 사회공헌금액 비율(%)	5.6%	8.0%	15.7%	8.5%	13.7%

주) 1. 당기순이익(조원)은 18개 국내은행 영업실적 보도 자료임

〈표 4〉는 국내 금융기관의 당기순이익 대비 사회공헌금액에 대한 비율을 나타낸 표이다. 최근 5년의 자료를 분석해본 결과 사회공헌금액(억원)은 2012년 6,990억 원으로 가장 많은 투자가 이루어졌으며, 2012년 이후로 감소하고 있어 2015년에는 4,651억 원으로 가장 낮은 금액의 사회공헌금액 투자가 이루어졌다. 2015년 사회적 책임 지원 금액을 당기순이익에 대비하면 13.7%로 2006년부터 은행권 사회적 책임 실적을 집계한 이래로 2013년(15.7%)에 이어 두 번째로 높은 수치라고 할 수 있다.

은행은 사회적 책임보고서를 통해 사회적 책임의 영역을 지역사회・공익・서민금융, 학술, 교육·세미나, 체육, 환경, 글로벌 등 총 6개의 분야로 나누어 집계되고 있으며, GRI(Global Reporting Initiative)에서 제공하는 G3가이드라인과 국내 지속가능경영 보고기준인 BEST 가이드라인(BEST Sustainability Reporting Guideline)을 참고하여 수립한 사회적 책임보고서 표준안에 따라 작성된다. 이를 통해 국내 금융기관의 경제, 사회, 환경적 측면의 활동 실적을 공시하고 있으며, 사회적 책임보고서 뿐만 아니라 지속가능경영보고서[4]를 작성하여 자발적으로 공시함으로 지속가능한 성장을 위한 금융기관의 사회적 책임의 결과라고 볼 수 있다.

국내의 금융기관들도 금리가 내리고 금융기관 무한 경쟁이 심화되고 있는 가운데 은행을 포함하여 국내 금융기관들이 치열한 고객확보 경쟁을 펼치고 있으나 은행의 경우 아직도 저소득 개인이나 신용등급이 낮은 중소기업이나 소상공인 들에게는

4) 지속가능경영보고서에 포함되어야 할 표준 공시안은 프로필, 경영성과, 성과지표로 구분된다. 프로필 항목에는 전략, 프로필, 지배구조 등 조직 차원의 성과 이해를 위한 전반적인 환경을 설정하여 보고하고 경영성과 항목에는 특정 영역의 성과에 대한 이해를 돕기 위해 조직이 특정 주제를 다루는 방식을 설명하며 성과지표 항목에는 조직의 경제·환경·사회성과에 대해 비교 가능한 정보를 제공하고 있다(김숙연・이상철, 2016).

매우 높은 문턱이다. 가난한 사람이나 경쟁력이 일천하여 신용등급이 낮은 기업들도 경제의 일원으로서 동등한 대접을 받기에는 금융권의 관행과 편견이 너무도 당연하다는 인식이다.

이러한 비합리적인 편견과 관행을 깨고 전통적인 금융기관으로부터 금융서비스를 제공 받지 못하는 소외된 빈곤층을 주요 대상으로 무담보 소액 대출을 포함한 여타 금융서비스를 제공하는 은행인 Micro Credit 그라민 은행을 설립하여 2006년에 노벨평화상을 수상하고 세상을 떠들썩하게 했던 Muhammad Yunus 교수의 사례가 일반기업과는 차별화된 금융업의 사회적 책임 활동의 대표적인 사례라 할 수 있다.

1996년에 설립한 중국 최초의 민간자본은행인 중국민생은행의 사례도 금융업의 사회적 책임활동 사례로 소개할 수 있는데 중국민생은행은 중국내 은행 최초로 2008년부터 세전이익의 0.8%에서 1.2%를 공익기부기금으로 마련하여 지원하도록 주주총회에서 공식 결의하였으며 녹색금융을 제창하여 녹색대출시스템을 형성하고 환경보호활동에 참여하는 녹색공익을 추진하는 한편 농민들의 농산품 판매난을 해소하기 위해 매년 1,450만 위안을 지원하여 빈곤구제 무료 광고모델을 만들어 농산물을 무료로 광고할 수 있게 함으로서 사회적 문제의 완화를 위한 혁신적인 활동도 하고 있다.

국내에서의 사례로는 IBK기업은행을 소개할 수 있는데 IBK기업은행은 중소기업은행법에 의해 설립된 국책은행[5]으로 정책적으로 중소기업을 전담지원하고 있는 은행이다. 중소기업과 함께 영세한 소기업은 일반기업 대비 낮은 경쟁력과 자본규모, 불안한 신용상태 등으로 평시에도 타 시중은행들이 적극적인 지원을 꺼려할 수밖에 없는데 1998년 IMF외환위기시 국내은행 모두가 중소기업에 지원된 기존 신용대출 등 13.9조원을 회수할 때 6천억원을 오히려 신규 지원하여 위기에 취약한

5) 보통의 일반은행은 은행법에 의해 설립되지만 국책은행은 정부가 특별법을 만들어 소기의 목적을 위하여 설립된 은행을 말하며 경제개발이 본격화되던 1950-70년대에 산업자본 조달, 수출 지원 등을 위해 설립되었다. 현재 한국산업은행, 중소기업은행, 한국수출입은행이 이에 해당한다.

중소기업이 도산을 면할 수 있게 함으로서 국가적 위기를 탈출하는데 큰 공헌을 하였으며, 2004년 국내 카드 사태로 인한 경제위기시에도 국내은행의 중소기업지원액 5.9조원중 74%인 4.4.조원을 IBK기업은행이 지원하였고, 미국의 서브프라임 모기지 사태로 촉발된 글로벌금융위기 중에도 2008년 10월부터 2010년말까지 시중은행 전체 지원액 19.3조원의 91%인 17.6조원을 지원하는 등 국가의 경제적 위기 상황에서 가장 취약한 중소기업을 보호하고 지원하는데 적극적으로 앞장섰다. 이러한 책임경영 활동이 금융기관에서의 사회적 책임활동의 일환이라고 할 수 있다. IBK기업은행은 그 외에도 2009년 12월 IBK미소금융재단을 설립하여 2017년 6월까지 540억원을 출연하여 신용등급이 낮아 제도권 금융회사를 이용하지 못하는 금융소외계층에 대한 자금을 지원하고 있다(금융위원회 보도자료, 2009). 일부 아쉬운 부분은 IBK기업은행이 국책은행이기 때문에 독자적 의사결정에 의한 경영활동보다는 경제위기 극복을 위한 정부의 요구가 일부 반영되었고 정부정책의 일환이었다는 사실도 부인하지 못하는 점이다.

그리고 2015년 세간의 관심을 끌었던 장발장은행의 경우 벌금형을 선고 받고도 돈이 없어 교도소에서 노역을 하는 사람들에게 벌금금액을 대출해 주는 은행으로 실제 제도권의 은행은 아니지만 은행 형태의 모습으로 금융업의 사회적 책임을 이해하는 다양한 형태의 또 다른 사례로도 볼 수 있겠다.

외환위기와 글로벌 금융위기를 겪으면서 우리나라도 금융기관에 대한 사회적 책임활동에 대한 이슈가 큰 관심사로 부각되고 있다. 국내 금융기관들의 사회책임경영 평가 조사에 의하면 책임 경영을 수행하는 것에 비해 평가가 낮고 사회적 책임경영을 잘 못하고 있는 것으로 나타나고 있다. 이는 국내 금융기관들이 금융상품과 연계하는 등 마케팅 중심적인 이행을 보이기 때문이며 또한 단기적이고 일시적인 추진 한계 또한 지적되고 있다. 반면에 글로벌 금융기관들은 사회책임 경영을 위해 사회 책임관련 위원회를 이사회 산하 등에 설치 운영하고 있고 가이드라인 등과 같은 국제적인 관련단체의 기준을 적용해 성과보고서를 작성하고 있고, 국제기관과의 제휴와 협력으로 사회적 책임 경영을 수행하며 대외 평판을 관리하고 있다(서울파이낸스, 2012).

이제 국내 금융기관들도 신뢰 회복과 지속성장 가능성을 확보하기 위해 이해관계자들과 동반성장하는 사회적 책임 경영을 이행할 필요가 있으며 국내 은행들도 영업과정에서의 공정성 향상을 위한 방향으로 사회책임 경영 노력이 요구된다. 그러기 위해서는 각종 수수료 및 금리 등의 투명성 제고와 적절한 수준의 책정, 중소기업금융 지원 확대, 서민금융지원 등을 위한 노력이 요구되고 있으며 직원들의 윤리의식 제고와 도덕적 해이를 방지하기 위한 노력도 함께 진행돼야 한다.

2. 선행연구

(1) 금융업의 사회적 책임과 회계정보의 가치 관련성

기업의 소비문화 중 사회적 책임이 하나의 트렌드로 자리 잡으면서 기업들도 사회적 책임을 단순한 사회적 의무 차원이 아닌 기업의 가치를 높이기 위한 마케팅 활동의 도구로 생각하여 보다 회계정보의 질을 향상시키고 기업 가치를 증가시키기 위한 체계적이고 광범위하게 그 지출을 확대해 나가고 있다.

이에 기업의 사회적 책임이 증가함에 따라 사회적 책임이 기업의 가치나 성과에 긍정적인 영향을 미치는 연구나 사회적 책임을 활발히 수행하는 기업이 그렇지 않은 기업보다 경영성과가 좋고 사회적 책임이 경영성과나 재무성과에 긍정적인 영향을 미친다는 연구들이 제시되고 있다.

Bowman & Haire(1975)의 연구에서는 투자수익률(ROI)로 사회적 책임 참여가 높은 기업과 낮은 기업으로 비교하였는데 사회적 책임을 하는 기업이 그렇지 않은 기업보다 투자수익률(ROI)이 높은 것으로 나타났으며, Heinze(1976)의 연구에서는 기업의 사회적 책임 참여 정도와 수익성의 상관관계를 통계적으로 분석한 결과 사회적 책임에 참여한 기업의 수익성이 그렇지 않은 기업의 수익성보다 높은 것으로 분석되었다.

이명순과 김용(2015)은 기업의 사회적 책임 성과지표인 ESG 통합 등급과 KEJI 통합 지표를 이용할 수 있는 기업을 대상으로 기업의 사회적 책임이 기업가치에 미치는 영향을 실증 분석한 결과 기업의 사회적 책임이 기업가치에 유의한 영향을 미친다는 연구결과가 도출되었다.

박헌준과 이종건(2002)의 연구는 기업의 사회적 책임을 기부행위와 환경보호활동으로 나누어 재무성과에 어떠한 영향을 주는지를 분석하였으며, 분석결과 기부행위는 기업의 재무성과를 향상시키지만 환경보호활동은 기업의 재무상태를 악화시킨다는 결과가 도출되었다.

최운열 등(2009)은 기업의 사회적 책임이 기업가치에 어떠한 관계가 있는지에 대해 분석하고자 1999년부터 2005년까지 비금융업 상장기업을 대상으로 실증분석을 실시하였다. 분석결과 기부금지출로 대표된 사회적 책임과 기업 가치간에 역U자형의 비선형관계를 확인하였으며, 변수간의 내생성을 고려한 2SLS분석을 통해 기부금 지출을 많이 하는 기업의 기업가치가 높음을 확인하였다.

최원욱 등(2009)은 기업의 다양한 사회적 책임 중 기부금 지출이 기업가치에 미치는 효과를 실증적으로 검증하고 그 효과에 기업의 소유구조가 어떠한 영향을 미치는지를 분석하였다. 실증분석 결과 기부금 지출은 기업가치와 긍정적인 관계를 가지며, 외국인지분율이 높은 기업일수록 기부금 한도 초과가 기업가치에 미치는 영향이 긍정적인 것으로 나타났다.

전인(2010)의 연구는 산업 자체적으로 환경친화산업으로 분류되는 금융기관의 지속가능경영현황을 분석하였다. 특히 은행은 기업의 기속가능경영실천 정도에 따라 신용, 대출, 여신 등에 영향을 미칠 수 있기 때문에 지속가능의 핵심주체로, 단기적으로는 재무성과에 유의한 영향을 미치지 못하였으나 환경경영과 사회적 책임에서는 매우 우수한 성과를 나타내고 있는 것으로 나타났다.

기업 경영에서 이해관계자와의 협조 없이 성공적인 경영은 불가능하며, 기업이 지속가능한 조직으로 존재하기 위해서는 다양한 이해관계자와의 긍정적인 관계유지는 필수불가결한 요소인 것이다.

기업의 사회적 책임을 수행하기 위해 이해관계자 중의 하나인 종업원과의 관계 역시 기업 성과에 중요한 영향을 미치며(Pfeffer, 1994), 종업원과의 관계의 개선되면 종업원의 사기를 진작시키게 될 것이며 결과적으로 일의 효율성을 증진시켜 기업의 성과를 증대시킬 것이다.

Rowley & Berman(2000)의 연구에 의하면 기업의 사회적 성과는 이해관계자의 행동에 의하고, 재무성과는 운영 효율성에 좌우되고 있음을 주장하고 두 변수 사이의 상관관계를 통해서 분석을 수행하였으며, 두 개의 이해관계자 집단인 종업원과 고객과의 관계가 기업의 재무적 성과에 영향을 미친다는 연구결과가 제시되었다.

Garbett(1988)와 Jaffeetal et al.(1995)은 기업의 사회적 책임 활동으로 명성이 높은 기업을 위해 일하고 있는 종업원이 갖게 되는 자긍심과 만족감은 종업원의 사기와 생산성을 높이며, 기업성과에 긍정적인 영향을 미치는 것으로 나타났다.

김영화(2013)의 연구는 2005년부터 2010년까지의 비금융업 상장기업을 대상으로 기업의 사회적 책임과 관련된 비용이 기업가치에 미치는 영향을 실증적으로 분석하였다. 기업의 사회적 책임과 관련된 지출은 기부금, 연구개발 등이며, 이 중 기부금지출액과 연구개발비 지출액 및 유·무형자산의 투자금은 기업가치에 영향을 미치는 것으로 나타났다.

김숙연(2014)은 2003년부터 2010년까지 한국거래소 유가증권시장에 상장된 기업을 중심으로 기업의 사회적 책임과 기업가치에 미치는 영향에 대한 분석을 실시하였다. 기업의 사회적 책임의 성격에 따라 기부금을 외부 사회적 책임으로, 복리후생비와 교육훈련비를 내부 사회적 책임으로 구분하였으며, 기업의 내부 및 외부 사회적 책임과 기업가치는 양(+)의 관련성을 가지는 것으로 나타났다.

양형모와 윤태화(2015)의 연구에서는 기업의 사회적 책임이 재무성과에 긍정적인 영향을 미치고, 이러한 기업의 재무성과 증대가 투자자들에게 어떠한 평가를 받는지에 대한 영향을 분석하였으며, 사회적 책임의 대리변수로 경제정정의지수를 사용하였다. 연구결과, 기업의 전년도 사회적 책임은 다음해 기업의 총자산순이익률과 총자산영업이익률에 긍정적인 효과를 가지고 왔으며, 해당기업의 주가수익률과 비기대이익 간의 양의 상호작용으로 투자자들은 사회적 책임을 많이 하는 기업에 대해 보다 긍정적인 평가를 내리고 있는 것으로 나타났다.

한편, 박미영(2014)등의 연구에서 기업의 사회적 책임(CSR) 활동과 조세회피와의 관계를 검증한 결과, 건전성, 사회봉사 기여도, 종업원 만족도, 경제발전 기여도가 조세회피 측정치와 유의한 음(-)의 관련성을 가지는 것으로 나타났다. 이는 기업의 사회적 책임(CSR) 활동에 대해 사회에 대한 기업의 기부(charity)적 측면의 추가적 비용이라는 부정적인 견해를 가졌던 다양한 이해관계자들에게 긍정적인 영향에 대한 의식 전환과 함께 기업의 지속가능성을 담보하는 경영 전략이 될 수 있음을 시사한 연구결과라 할 수 있다.

(2) 금융업의 사회적 책임과 회계정보의 질

회계이익은 회계정보 이용자들의 의사결정에서 가장 빈번히 사용되는 기업의 경영성과 이며, 회계이익의 질은 전문가들이 의사결정에서 가장 중요한 판단기준의 하나로 활용되고 있다.

Comisky(1982)는 신용분석가의 관점에서 이익의 지속성이 회계이익의 질을 결정하는 중요한 개념임을 강조하였고, Kormendi & Lipe(1987)는 이익의 질과 관련된 지속성이 해당기업의 주가에 차별적으로 반응하고 있음을 보고하였다. 또한 발생액의 질은 많은 선행연구(Anderson et al., 2012; Choi & Pae, 2011) 등에서 회계정보의 질에 대한 대용치로 사용되어 왔다.

본 연구에서는 회계정보의 질에 관한 선행연구를 이익의 질과 발생액의 질의 2가지 측면을 중심으로 선행연구를 검토해보고자 한다.

Dechow & Dichev(2002)는 영업활동과 관련한 발생액을 3개 연도의 영업현금흐름 및 회귀분석을 통해 계산한 후에 잔차항을 발생액 질을 평가하는 대용치로 사용하여 측정하였으며, 분석결과 발생액이 차기 이후 영업현금흐름으로 실현될 가능성이 높으면 발생액의 질이 높다고 주장하였다.

최정호(2009)의 연구에서는 회계이익의 질과 기업가치와의 관련성에 대한 연구를 수행하여, 회계정보의 신뢰성, 즉 이익의 질을 제시하여 타당성을 검증하였다. 연구 결과, 이익의 질이 높은 기업일수록 수익성이 기업가치 평가에 더 명확히 반영되고 있어 기업가치 평가에 있어서 회계정보의 신뢰성의 중요한 요인으로 작용하는 것으로 밝혀졌다. 즉, 회계정보의 질이 높은 기업일수록 회계정보의 신뢰성이 투자자들의 의사결정에 중요한 요인으로 작용하고 있다는 것으로 제시되었다.

손성규 등(2009)은 발생액의 질에 따라 주가와 거래량의 차이가 있는지에 대해서 분석을 수행하였으며, 분석결과 발생액의 질이 높을수록 주가 반응에 미치는 영향은 크고 주가수익률이 거래량 반응에 미치는 영향은 작게 나타났다. 이는 시장 참여자가 발생액의 질이 높은 회계정보를 더 많이 이용하고 높은 신뢰도를 가지고 있는 결과로 해석하였다.

이균봉 등(2012)의 연구는 기업지배구조센터(CGS)의 평가등급과 기업의 대주주 지분율 및 외국인 지분율과 재무건전성 지표로 기업지배구조와 재무건전성 및 회계이익의 질간의 관련성을 분석하였다. 분석결과 기업지배구조의 우수성과 재무건전성 및 회계이익의 질 간에는 관련성이 있는 것으로 나타났다.

최현정과 문두철(2013)의 연구에서는 CSR을 하는 기업과 그렇지 않은 기업에 대한 회계투명성의 차이를 알아보기 위하여 두 집단 간의 이익조정 및 이익지속성의 차이를 검증하였으며, CSR을 하는 기업이 그렇지 않은 기업보다 이익조정은 적게 하며 이익지속성은 높은 것으로 나타났다. 또한 연속적으로 CSR을 하는 기업이 비연속적으로 CSR을 실시하는 기업보다 이익조정을 적게 하고 이익지속성은 높게 유지되는 것으로 분석되었다.

조문기와 김숙연(2014)의 연구는 기업의 사회적 책임의 성과가 큰 기업과 그렇지 않은 기업 및 성과가 지속적인 기업과 그렇지 않은 기업 간 이익의 질에 차이가 있는지에 대한 실증 분석을 수행하였다. 실증분석결과 기업의 사회적 책임에 대한 성과가 높은 기업이 성과가 낮은 기업에 비해 이익의 질이 높은 것으로 나타났으며, 성과가 지속적인 기업일수록 이익의 질을 향상시킬 수 있다는 실증적 증거를 제시하였다.

이정엽과 송은주(2014)의 연구에서는 지속적이고 적극적인 CSR 활동을 수행하는 기업일수록 발생액의 질이 높아지고 보수적인 회계처리를 수행하는지를 분석하였다. 분석결과 지속적이고 적극적으로 CSR 활동을 수행한 기업일수록 발생액의 질은 높아지고, 보수적인 회계처리를 선호하는 것으로 나타났다. CSR활동의 지속성과 적극성을 구분한 추가분석에서는 CSR활동의 지속성이 회계정보의 질에 보다 중요한 영향을 미치는 것으로 나타났다.

이상의 선행연구를 통해서 회계정보의 질의 대용치로 이익의 질과 발생액의 질을 사용하여 분석을 수행할 수 있으며, 이익의 질과 발생액의 질에 따라 시장의 반응은 차별적으로 존재하고 회계정보의 질이 높을수록 회계이익의 유용성 및 투명성이 높게 나타나고 있음을 알 수 있다.

(3) 금융업의 사회적 책임이 기업가치와 경영성과에 미치는 영향

Moskowitz(1972)의 연구에서는 기업의 사회적 책임의 평판이 좋은 기업 14개를 대상으로 하여 대상기업의 주가를 6개월 동안 분석해본 결과 기업의 사회적 책임의 활동에 대한 평판이 좋은 기업의 주가가 더 높은 것으로 나타났다.

김창수(2009)는 우리나라 상장기업 중에서 1999년부터 2007년 동안 UN Global Compact 참여기업 및 지속가능경영보고서 발간기업 31개 기업을 표본으로 하고 나머지 통제표본을 포함하여 총 558개 기업을 대상으로 CSR 활동과 기업 가치와의 관련성에 대해서 분석을 수행하였다. 분석결과 CSR 활동에 적극적인 기업이 그렇지 않은 기업에 비해 기업가치가 높으며, 대주주지분율이 높고 현금흐름이 양호한 기업, 부채비율이 낮고 대기업 소속 기업이 CSR 활동을 하는 경우 그렇지 않은 기업에 비해 기업가치의 증가가 더 크고 통계적으로도 유의한 것으로 나타났다.

국찬표와 강윤식(2011)의 연구에서는 2008년과 2009년 2개년에 걸쳐 총 503개 기업-연도 표본을 기초로 하여 CSR 활동이 기업가치에 미치는 영향과 이들 관계에 있어서 지배구조의 조절효과를 검증하였다. 연구결과 기업지배구조가 우수한 경우 CSR활동이 기업가치를 제고시키는 것으로 나타났으며, 이는 효율적인 CSR활동을 통해 매출증대, 명성제고 등을 통해 기업가치를 제고한다는 것을 의미한다고 볼 수 있다.

고성천과 박래수(2011)는 국내 유가증권시장 상장기업을 대상으로 CSR 수준이 기업가치에 미치는 영향에 관해 분석하였으며, 분석결과 CSR 우수기업군을 전제로 CSR 수준이 기업가치에 긍정적으로 작용하고 있다는 것으로 나타났다.

이윤경과 고종권(2013)은 2000년-2009년까지 유가증권상장기업을 대상으로 CSR 우수기업과 그렇지 않은 기업의 내재자본비용과 정보비대칭에 있어서의 차이를 분석하였다. 분석결과 CSR 우수기업은 그렇지 않은 기업에 비해 내재자본비용과 정보비대칭이 낮은 것으로 나타났으며, CSR 활동이 투자자들의 정보비대칭 및 기업위험을 감소시키고 결과적으로는 기업가치 증가에 기여한다고 제시하였다.

김숙연 등(2014)의 연구는 비제조・서비스기업을 대상으로 기업의 사회적 책임이 기업가치 및 경영성과에 미치는 영향에 관한 분석을 수행하였다. 서비스기업의 당해연도 CSR 활동은 다음 연도의 기업가치에 유의한 정의 관계가 있는 것으로 나타났다.

장지경(2015)의 연구에서는 KEJI지수를 이용하여 기업의 사회적 책임 활동과 기업가치간 관련성이 있는지 실증분석 하였으며, 분석결과 기업의 사회적 책임 활동은 차기의 기업가치를 증대시킨다는 결과를 보였다.

서위와 박미영(2015)은 2009년부터 2013년 기간 동안 중국 상장기업 2,501개 기업을 대상으로 CSR이 기업가치에 미치는 영향에 대해서 분석하였다. 연구결과 CSR이 활발할수록 기업가치가 증가하며, 재무성과가 클수록 CSR이 기업가치에 더 큰 양의 영향을 미치는 것으로 나타났다.

권한섭과 박종원(2016)의 연구에서는 기업의 사회적 책임에 대한 수준이 제조기업에 비해 상대적으로 높은 서비스기업인 금융업을 대상으로 회계정보의 가치 관련성에 관한 연구를 수행하였다. 연구결과 지속가능경영보고서를 자발적으로 공시한 기업이 공시하지 않은 기업에 비해 순자산과 회계이익의 가치 관련성이 높은 것으로 나타났다.

Cochran & Wood는 기업의 사회적 책임과 경영성과와의 관계를 검증하였으며, 사회적 책임과 재무적 성과와의 관계에서는 양의 관련성이 있음을 분석하였다.

McGuire, Sundgren, Schneewies(1988)는 상장기업을 대상으로 기업의 사회적 책임 활동과 재무성과와의 관계를 실증 분석하였으며, 재무적 성과가 기업의 사회적 책임 행위에 의해 긍정적인 영향을 받고 있다는 결과를 제시하였다.

Pava & Krausz(1996)의 연구에서는 사회적 기준을 충족한 기업들이 그렇지 못한 기업들과 비교해볼 때 최소한의 평균적인 재무성과를 상화하는 결과가 나타났다.

Preston & O'Bannon(1997)은 1982년부터 1992년까지 67개의 미국 대기업을 중심으로 기업의 사회적 책임 활동과 재무성과인 총자산순이익률, 자기자본순이익률, 투자이윤의 관계를 분석하였다. 분석결과 기업의 사회적 책임 활동과 재무성과는 유의한 정의 관련성이 있는 것으로 나타났다.

황호찬(2009)은 회계가치모형을 중심으로 KEJI 지수를 활용하여 기업의 사회적 책임 가치를 검증하였으며, 기업의 사회적 책임 활동과 주식가치는 양의 상관관계가 있음을 분석하였다. 또한 모형에 포함되어 있는 재무적 성과인 순자산, 순이익, 매출도 유의한 결과가 제시되었다.

장지인과 최헌섭(2010)의 연구에서는 8년간(1998년~2005년)의 130개 기업의 KEJI 지수를 활용하여 CSR 성과와 재무성과간의 관련성을 분석하였다. 연구결과 CSR 성과가 총자산순이익률과 토빈Q와 유의한 정(+)의 관련성을 가지는 것으로 나타났다.

김용현 등(2015)은 경제정의지수를 사용하여 상위 25%의 기업과 하위 25%의 기업의 재무성과를 3년에 걸쳐 비교 분석하였다. 연구결과 상위 25%의 기업은 하위 25%의 기업에 비해 주식수익률은 비유의적이었지만, 기업가치인 토빈 큐와 영업성과는 매우 유의한 것으로 나타났으며, 이는 기업의 CSR 활동과 재무성과가 긍정적인 관계에 있음을 분석하였다.

김소영 등(2015)은 2005년부터 2010년 KEJI지수를 활용하여 기업의 사회적 책임 성과와 회계성과와의 관계를 검증하였다. 분석결과 CSR성과는 회계수익률과

정(+)의 관계를 가지는 것으로 나타났으며, 세부 CSR 성과와 회계수익률과의 관계에서도 건전성, 종업원만족도, 경제발전기여도는 긍정적인 U자형 관계를 가지는 것으로 나타났다.

Chapter 03

금융업의 사회적 책임과 회계정보의 가치 관련성

1. 연구방법의 설계

(1) 연구가설의 설정

기업의 지속가능한 경영은 기업의 궁극적인 목표인 이윤창출과 지속적인 발전을 위한 효율적이고 종합적인 활동이다. 기업의 다양한 이해관계자들의 기대와 요구를 수용하고 사회문제와 환경문제 등에 기업이 선도적으로 기여함으로 기업 이미지 제고와 경쟁력을 높여 기업 가치를 극대화하고 지속적인 발전을 위한 제반 경영활동으로써 기업의 지속가능한 발전 개념에 기업 경영을 적용한 것이다.

지속가능경영 보고는 기업의 지속가능한 성장과 발전을 위해 조직의 성과를 측정하여 그 결과를 이해관계자들에게 공개하고 기업의 사회적 책임을 약속하는 활동을 의미한다. 이러한 의미에서 기업들은 기업의 사회적 책임의 일환으로 지속가능경영 보고서를 발간하고 있으며, 보고서를 발간함으로 회사가 잘한 일을 널리 알리는 동시에 사회와 소통한다는 이미지를 부각시키는 역할을 한다.

김경수(2002)는 환경 관련 회계정보 공시항목에 대한 재무성과지표가 환경공시 수준에 정의 관계를 가지는 것으로 제시하고 있으며, 장지인(2009) 등은 환경성과, 재무성과 및 환경공시수준의 세 가지 주요 변수의 상호 관련성에 대하여 분석을 시도한 결과 환경성과와 재무성과, 환경성과와 환경공시수준과 정의 상관관계를 가지는 것으로 나타났다.

장철(2014)의 연구에서는 지속가능보고서의 발간이 자기자본비용을 낮추는지에 대한 연구를 수행하였으며, 전문인증기관으로부터 인증을 받은 지속가능보고서를 최초 발간하였을 경우 자기자본 비용이 낮아졌으며 CSR성과 중 환경, 기업지배구조 성과가 높은 기업이 지속가능보고서를 발행하는 경우 자기자본비용이 낮아지는 것으로 나타났다.

지속가능경영보고서는 강제공시가 아닌 자발적 공시로 외부 이해관계자에게 정보를 제공하는데 유용하게 활용되며, 기업 미래 전망에 대한 경영자와 외부 투자자 사이의 정보비대칭을 최소화시켜주는 요인이 되기도 한다(김숙연 등, 2016).

지속가능경영보고서의 발간은 이해관계자들의 요구 파악과 지역사회의 기대와 요구 수준을 사전에 파악함으로써 기업의 신뢰성을 제고하여 기업의 가치를 높이는 역할을 한다. 즉 지속가능경영보고서를 발간한 기업은 그렇지 않은 기업에 비해 고객의 신뢰성을 바탕으로 매출액 증대를 가져오며 기업의 재무성과에 현저한 효과가 있음을 실증적으로 보여주고 있다

이에 본 연구에서는 지속가능경영보고서를 자발적으로 공시한 기업과 그렇지 않은 기업간에 회계정보 가치 관련성에 미치는 영향에 대해서 분석해보고자 다음과 같은 연구가설 1을 설정하였다.

[연구가설 1] 지속가능경영보고서를 자발적으로 공시한 기업은 그렇지 않은 기업에 비해 회계정보의 가치관련성이 높을 것이다.

기업의 사회적 책임은 기업의 브랜드 가치를 확대하고 기업 이미지를 상승시키기 위한 마케팅 기법으로도 유용하게 사용되고 있으며, 소비자나 시민의 입장에서는 동일한 품질을 가진 물건의 경우 기업 이미지가 좋은 기업의 물건을 구입하게 되는데 이런 특성상 기업은 더욱 사회적 책임을 강화하고 있다고 볼 수 있다.

기업의 사회적 책임과 역할의 문제는 누구의 이익을 먼저 고려할 것이냐는 문제와 어떤 동기에서 취해진 행동인가에서 검토해야 한다(Buono & Nicholas, 1990). 기업은 이윤을 창출하는 이익집단이므로 기업의 사회적 책임에 대한 투자를 통해

기업의 이익이나 생존을 고려하지 않을 수 없다는 것이다. 즉 기업의 성장이나 생존이 보장된 상태에서 사회적 책임이 이루어지며, 가능하다면 기업의 이익 증대에 도움이 되는 방향으로 사회적 책임을 집중할 수밖에 없는 것이다.

기업 활동의 지향에는 주주지향과 이해관계자 지향의 두 가지로 나누어볼 수 있다. 주주지향은 주주의 대리인으로서 경영자는 주주들의 경제적 이익을 가장 먼저 고려해야 한다는 것이고, 이해관계자 지향은 종업원, 고객, 납품업자, 소비자단체, 지역사회, 정부 등 기업 경영에서 영향을 미치는 이해관계자의 이익을 우선적으로 고려해야 한다는 것이다.

고객과 사회 전체에 적극적인 사회적 책임은 기업의 평판을 좋게 해 줄 뿐만 아니라 고객이 같은 물건을 선택할 때도 사회적 책임을 활발히 하는 기업의 제품을 선택할 가능성이 높아지게 된다. 정부와의 좋은 관계유지는 각종 규제와 세금 혜택 기회의 가능성도 존재하고, 국제사회에서 활발한 사회적 책임은 기업의 해외활동에도 긍정적인 유인으로 작용할 수 있을 것이다.

최운열 등(2009)은 기부금 지출로 측정한 사회적 책임은 명성구축을 위한 무형자산 투자이므로 기업 가치에 긍정적인 영향을 미친다는 결과를 보고하고 있으며, 결국 생존의 한 방편으로 기업의 인지도를 높여 잠재적인 매출증대를 가져오며 미래현금흐름의 증가로 이어져 결국엔 기업의 가치를 상승시키는 요인이 될 것이다.

한편 종업원의 입장에서는 기업들이 자신들의 복지를 위해 투자하는 것도 좋은 반응을 보일 수 있을 것이며, 종업들에 대한 투자는 본인들에 대한 직접적인 반응과 더불어 회사에 대한 충성심과 몰입도가 증가함으로 제품의 불량률을 감소시켜 줌으로 결국에는 매출증대와 기업의 이윤 증대의 효과를 가지고 올 수 있을 것이다.

이에 본 연구에서는 기업의 사회적 책임에 대해 이해관계자 지향의 이론에 접근하여 다양한 이해관계자를 중심으로 내부와 외부 이해관계자로 분류하고, 기업의 사회적 책임을 적극적으로 수행하는 기업과 그렇지 않은 기업으로의 구분하여 회계정보 가치 관련성에 미치는 영향에 대해서 분석해보고자 다음과 같은 연구가설 2를 설정하였다.

[연구가설 2] 기업의 사회적 책임 수준이 높은 기업은 그렇지 않은 기업에 비해 회계정보 가치 관련성이 높을 것이다.

[연구가설 2-1] 기업의 외부 사회적 책임 수준이 높은 기업은 그렇지 않은 기업에 비해 회계정보 가치 관련성이 높을 것이다.

[연구가설 2-2] 기업의 내부 사회적 책임 수준이 높은 기업은 그렇지 않은 기업에 비해 회계정보 가치 관련성이 높을 것이다.

(2) 연구모형

본 연구는 금융업에 속한 상장기업의 사회적 책임 수준이 해당 기업의 회계정보인 순자산의 장부가치와 회계이익이 기업가치와 관련성이 있는지를 검증하기 위한 연구로 일반적으로 회계정보의 가치관련성의 검증을 위한 모형으로는 회계정보의 가치관련성 문제를 분석하는 연구에서 실증분석의 틀로 널리 이용되는 Ohlson(1995) 모형을 이용하였다.

Ohlson(1995)은 주식의 시장가치를 미래에 기대되는 배당의 현재가치에 의해 결정된다는 배당할인모형으로 출발하여 회계변수(장부가치, 이익, 배당) 간의 순증관계(clean surplus relation)와 초과이익의 시계열 행태에 대하여 정보변수에 대한 선형시계열(linear information dynamics : LID)가정을 도입하여 주식의 시장가치를 아래의 식처럼 현재의 장부가치(bv), 이익(x) 그리고 기타 정보(other information)의 선형함수 형태로 표현하였다.

$$P_t = (1-k)bv_t + k(\phi x_t - d_t) + \alpha_2 \nu_t \qquad \text{(식1)}$$

〈변수설명〉

p : 주주지분의 시장가치 또는 결산월+3개월 이후의 주가
bv : 순자산의 장부가치
x : 당기순이익
d : 순배당흐름
v : 초과이익 이외의 정보
k : rω/(1+r−ω)
Φ : (1+r)/r

α : ω/(1+r−ω)(1+r−γ)

ω,γ : 0보다 크거나 같고 1보다 작은 이익지속성 계수

r : 할인율

위의 Ohlson(1995)에 근거하여 순자산과 회계이익의 가치관련성은 다음과 같은 모형을 통해 검증한다.

$$Price_t = \beta_0 + \beta_1 BV_t + \beta_2 X_t + \beta_3 NEGX_t + \beta_4 DIV_t + \beta_5 \sum_{t=1}^{k} YR_t + \epsilon_t \text{ (식2)}$$

〈변수설명〉

Price : 결산월+3개월 이후의 주가[6)]

BV : 순자산의 장부가치

X : 당기순이익

NEGX : 당해연도 당기순이익이 음수이면 X, 그렇지 않으면 0의 값을 갖는 비대칭변수

DIV : 보통주 및 우선주 현금배당액에서 납입자본 순증가액을 차감한 금액

YR : 연도더미변수

ε : 잔차

위에 제시한 실증분석 모형으로 본 연구의 가설을 검증할 경우 기업규모로 인한 차이와 재무자료에서 일반적으로 나타날 수 있는 이분산성(heteroscedasticity) 문제가 야기될 수 있으므로 모든 변수는 1주당 금액으로 측정하였다. 또한 손실을 보고한 기업의 회계이익과 주가와의 관계가 질적으로 다르게 나타난다는 선행연구의 결과(Hayn, 1995; Collins et al., 1999)에 따라 손실을 보고한 기업의 왜곡을 통제하기 위하여 음(−)의 회계이익을 비대칭변수로 포함하였다.

지속가능경영보고서를 발간한 기업과 그렇지 않은 기업 간 그리고 내・외부 사회적 책임 수준에 따른 회계정보의 가치관련성을 검증하기 위한 구체적인 절차는 다음과 같다. 먼저 [연구가설 1]을 검증하기 위해 지속가능경영보고서를 제출한 기업과 그렇지 않은 기업을 구분한 후 각각 (식2)에 의해 순자산의 장부가치(BV)와 회계이익(X)에 대한 회귀계수 β_1, β_2을 추정하고 이후 두 계수에 대한 차이를 통계적으

6) t기 12월 결산법인의 경우 t+1기 3월말 주가를 이용하였으며, t기 3월 결산법인의 경우 t기 6월말 주가를 이용하였다.

로 분석하기 위해 Hollander(1970)의 연구에서 이용한 평행성 검증(testing for parallelism)을 실시하였다. 평행성 검증이란 두 회귀모형이 동일할 경우 특정 변수에 대한 회귀계수의 차이를 분석하기 위한 방법이다. 이에 대한 구체적인 내용과 방법은 전규안 등(2004)의 연구를 참조하였다.

[연구가설 2]는 외부 사회적 책임과 내부 사회적 책임 수준에 따라 회계정보의 가치관련성에 차이가 있는 지를 분석하기 위한 가설로서 위에 제시한 (식2)에 따라 분석하였다. 즉, 내·외부 및 사회적 책임 수준에 따라 표본을 두 개로 구분하여 각각 (식2)에 따라 회귀분석을 수행한 후 순자산과 회계이익에 대한 계수의 차이를 평행성 검증을 통해 분석하였다.

본 연구에서 가장 중요한 변수는 기업의 사회적 책임에 관한 변수로서 사회적 책임의 종합적 측정치로는 지속가능보고서의 자발적 발간여부로 측정하였으며, 외부 사회적 책임 수준의 대용변수로는 기부금(ESCA)을 이용하였다. 마지막으로 기업의 내부 사회적 책임 수준의 대용변수로는 국내선행연구인 김숙연(2014)의 연구에 따라 복리후생비(ISCA)를 이용하였다. 김숙연(2014)의 연구는 내부 사회적 책임으로 복리후생비와 교육훈련비 두 가지 변수를 이용하였으나 금융업종에 속한 기업의 경우 재무제표상 교육훈련비의 공시가 잘 이루어지지 않아 본 연구에서는 복리후생비만을 기업의 내부 사회적 책임 수준으로 이용하였다. 기부금과 복리후생비 변수는 기업규모 효과를 통제하기 위해 매출액으로 표준화한 변수를 이용하였다.

가설설정 배경에서 언급한 바와 같이 기업의 사회적 책임은 이해관계자 이론에 따라 기업의 다양한 이해관계자들을 대상으로 이루어진다. 이 때 대표적인 외부이해관계자로는 지역사회를 포함한 다양한 시민사회 등을 들 수 있으며, 대표적인 내부이해관계자로는 기업에 종사하고 있는 임직원을 들 수 있다. 만일 가설설정 논리와 국내 · 외 선행연구 결과가 논리적으로 타당하다면 본 연구의 결과 또한 기업이 수행하는 사회적 책임 수준이 높을수록 기업가치가 향상되며, 회계정보의 가치관련성 또한 향상될 것으로 예상된다.

(3) 표본의 선정

① 유가증권시장 상장기업

② 금융업 및 보험업

③ 재무 및 주가자료를 입수할 수 있는 기업

본 연구는 2005년부터 2015년까지 유가증권시장 상장기업이며 금융업종을 대상으로 지속가능경영보고서를 발간한 기업, 복리후생비, 기부금 자료를 입수할 수 있는 기업을 대상으로 하였다. 재무자료 및 주가자료는 (주)한국신용평가의 Kis-Value를 이용하여 추출하였으며 실증분석을 위하여 SAS 9.1을 이용하였다. 본 연구의 실증분석 기간인 2005년부터 2015년까지 지속가능경영보고서를 자발적으로 공시한 금융업에 속한 유가증권시장 상장기업은 총 53개 기업이다. [연구가설 1]을 검증하기 위해 최종 실증분석에 이용된 표본은 467개(기업-년)이며, [연구가설 2]를 검증하기 위해 최종 실증분석에 이용된 표본은 315개(기업-년)이다. 가능한 본 실증분석에 이용할 수 있는 표본을 확장하기 위해 [연구가설 1]과 [연구가설 2]를 검증하기 위한 표본을 구분하여 실증분석 하였다.

2. 실증분석 결과

(1) 기술통계량

〈표 5〉는 본 실증분석 모형에 이용된 변수들의 기술적 통계량을 제시하고 있다. 먼저 Panel A는 [연구가설1]의 검증에 이용된 변수들의 기술적 통계량을 제시하고 있으며, Panel B는 가설2의 검증에 이용된 변수들의 기술적 통계량을 보여주고 있다. Panel A와 Panel B에 대한 표본수의 차이는 가설1의 검증에는 기부금과 복리후생비 변수가 이용되지 않으나 가설2의 검증에는 기부금과 복리후생비 변수가 이용되었기 때문이다. 즉, 기부금과 복리후생비를 공시하지 않은 기업은 분석에서

제외되었기 때문이다.

| 표 5 | 변수들의 기술적 통계량

변 수	평 균	중위수	최대값	최소값	표준편차
Panel A: 가설1 검증을 위한 표본(N=467)					
Price	22761	11800	295000	413	35124
BV	21436	13097	210462	313	25258
X	1564	861	16815	−3258	2406
NEGX	−63	0	0	−3258	301
DIV	−291	96	11597	−48422	3433
SRD	0.115	0	1	0	0.320
Panel B: 가설2 검증을 위한 표본(N=315)					
Price	24032	11550	295000	903	40712
BV	22866	13632	210462	387	28384
X	1735	1013	16815	−3258	2659
NEGX	−63	0	0	−3258	315
DIV	103	191	10229	−18464	1938
ESCA	0.498	0	1	0	0.501
ISCA	0.502	1	1	0	0.501

〈변수설명〉

P : 결산월+3개월 이후의 주가
BV : 순자산의 장부가치
X : 당기순이익
NEGX : 당해연도 당기순이익이 음수이면 X, 그렇지 않으면 0의 값을 갖는 비대칭변수
DIV : 보통주 및 우선주 현금배당액에서 납입자본 순증가액을 차감한 금액
SRD : 지속가능경영보고서를 발간한 기업이면 1, 그렇지 않으면 0의 값을 갖는 더미변수
ESCA : 외부 사회적 책임 수준의 대용변수로 측정된 기부금이 중위수보다 크면 1, 그렇지 않으면 0
ISCA : 내부 사회적 책임 수준의 대용변수로 측정된 복리후생비가 중위수보다 크면 1, 그렇지 않으면 0

먼저 Panel A에 제시된 변수들의 기술적 통계량을 살펴보면 주당 주가의 평균과 중위수는 각각 22,761원과 11,800원으로 나타났으며, 주당 순자산의 장부가액의 평균과 중위수는 각각 21,436원과 13,097원으로 나타났다. 다음으로 Panel B에

제시된 변수들의 기술적 통계량을 살펴보면 주당 주가의 평균과 중위수는 각각 24,032원과 11,550원으로 나타났으며, 주당 순자산의 장부가액의 평균과 중위수는 각각 22,866원과 13,632원으로 나타났다.

(2) 상관관계분석

〈표 6〉은 실증분석에 이용된 주요 변수들간의 상관관계분석 결과를 제시하고 있다. Panel A와 Panel B 모두에서 주가(Price)와 순자산의 장부가치(BV), 회계이익(X)은 모두 통계적으로 1% 유의수준에서 유의한 양(+)의 상관관계를 갖는 것으로 나타났다.

▌표 6▐ 주요 변수들의 상관관계분석 결과

Panel A: 가설1에 대한 변수간 상관관계분석(N=467)						
변수	Price	BV	X	NEGX	DIV	SRD
Price	1					
BV	0.842***	1				
X	0.834***	0.811***	1			
NEGX	0.081*	0.102**	0.266***	1		
DIV	0.092**	0.092**	0.139***	0.005	1	
SRD	0.323***	0.351***	0.245***	0.048	0.052	1

Panel B: 가설2에 대한 변수간 상관관계분석(N=315)							
변수	Price	BV	X	NEGX	DIV	ESCA	ISCA
Price	1						
BV	0.859***	1					
X	0.869***	0.873***	1				
NEGX	0.089	0.125**	0.255***	1			
DIV	0.318***	0.293***	0.373***	0.081	1		
ESCA	0.241***	0.242***	0246***	0.127***	0.055	1	
ISCA	−0.242***	−0.180***	−0.270***	0.052	−0.145***	0.396***	1

주) 1. 변수의 정의는 〈표 5〉의 하단과 동일함
2. 피어슨 상관관계분석 결과임
3. ***, **, *는 각각 1%, 5%, 10% 수준에서 유의함

Panel A에서 지속가능경영보고서의 자발적 발간여부를 나타내는 변수인 SRD 변수 또한 주가(Price)와 통계적으로 유의한 양(+)의 상관관계가 있음을 보여주고 있다. Panel B에 제시된 상관관계분석 결과를 살펴보면 기업의 외부 사회적 책임 수준을 나타내는 변수인 ESCA 변수는 주가(Price)와 유의한 양(+)의 상관관계를 갖는 것으로 나타났으나, 기업의 내부 사회적 책임 수준을 나타내는 변수인 ISCA 변수와 주가(Price)는 통계적으로 1% 유의수준에서 유의한 음(-)의 상관관계가 있는 것으로 나타났다. 이와 같은 상관관계 분석결과는 최초 가설설정의 논리와 다소 차이가 있는 결과이다.

(3) 회기분석 및 평행성 검증 결과

❙표 7❙ 지속가능보고서 발간 여부에 따른 회계정보의 가치관련성 분석 결과

모형 / 독립변수	지속가능경영보고서를 자발적으로 공시한 기업		지속가능경영보고서를 공시하지 않은 기업	
	회귀계수	t-값	회귀계수	t-값
절 편	-8806.7	-2.34**	1958.8	3.04***
BV	0.965	7.92***	0.453	11.98***
X	5.747	4.26***	4.094	9.42***
NEGX	0.396	0.48	-0.239	-1.78*
DIV	-5.555	-0.22	-5.642	-3.65***
연도더미	포 함			
F-value	154.43***		234.55***	
수정R^2	0.916		0.695	
표본 수	57		410	

주) 1. 변수의 정의는 〈표 5〉의 하단과 동일함
　2. ***, **, *는 각각 1%, 5%, 10% 수준에서 유의함

위의 〈표 7〉은 기업이 수행하는 사회적 책임과 회계정보의 가치관련성 간의 관계를 Ohlson(1995) 모형을 통해 회귀분석한 결과를 제시하고 있다.

회귀분석 결과 지속가능경영보고서를 자발적으로 공시한 기업의 순자산의 장부가치와 회계이익의 계수는 각각 0.965와 5.747로 나타났으며, 이는 모두 통계적으

로 1% 유의수준에서 유의한 것으로 분석되었다. 지속가능경영보고서를 공시하지 않은 기업 또한 순자산의 장부가치와 회계이익의 회귀계수는 통계적으로 유의한 양(+)의 값을 갖는 것으로 분석되었으나 계수의 크기에 있어 지속가능보고서를 자발적으로 공시한 기업에 비해 다소 작은 것으로 나타났다. 회귀모형의 설명력을 나타내는 수정R^2 또한 지속가능경영보고를 자발적으로 공시한 기업이 보다 큰 것으로 나타났다[7].

지속가능경영보고서를 자발적으로 공시한 기업의 순자산의 장부가치와 회계이익의 계수가 지속가능경영보고서를 공시하지 않은 기업보다 다소 높다하여 회계정보의 가치관련성이 통계적으로 높다라고 해석함에 있어서는 주의가 필요하다. 이를 위해 본 연구에서는 계수의 통계적 차이를 검증하기 위해 Hollander(1970)의 연구에서 이용한 평행성 검증(testing for parallelism)을 수행하였다.

아래에 제시된 〈표 8〉의 평행성 검증 결과 지속가능경영보고서를 자발적으로 공시한 기업의 순자산과 회계이익의 가치관련성이 지속가능경영보고서를 공시하지 않은 기업에 비해 통계적으로 유의하게 큰 것으로 분석되었다.

이러한 결과는 높은 수준의 사회적 책임을 하는 기업이 그렇지 않은 기업에 비해 회계정보의 유용성이 보다 높다는 것을 의미한다. 즉, 자본시장참여자들은 투자의 사결정시 사회적 책임을 보다 적극적으로 하는 기업의 경우 가장 대표적인 회계정보인 순자산과 회계이익을 통해 하고 있음을 실증적으로 보여주는 결과라 할 수

7) 본 회귀분석 결과의 강건성을 위해 기존의 Ohlson 모형에 지속가능보고서 발간여부(SRD), 지속가능보고서 발간여부와 순자산의 상호작용변수(SRD*X), 지속가능보고서 발간여부와 회계이익의 상호작용변수(SRD*X)를 포함하여 회귀분석을 수행하였다. 분석결과, 지속가능보고서 발간여부(SRD) 변수의 회귀계수는 통계적으로 유의한 음(-)의 값을 갖는 것으로 나타나 단순히 지속가능보고서 발간여부는 기업가치와 관련이 없음을 보고하고 있다. 반면에 지속가능보고서 발간여부와 순자산의 상호작용변수(SRD*BV)의 계수는 통계적으로 1% 수준에서 유의한 양(+)의 값(0.515)을 갖는 것으로 나타났다. 그리고 지속가능보고서 발간여부와 회계이익의 상호작용변수(SRD*X) 또한 5%에수 유의한 양(+)의 값(1.777)을 갖는 것으로 분석되었다. 이와 같은 결과는 평행성 검증결과와 유사한 결과로서 기업의 사회적 책임 수준이 높은 기업의 회계정보 가치관련성이 사회적 책임 수준이 낮은 기업의 회계정보 가치관련성보다 높다는 것을 시사하는 결과이다.

있다.

▌표 8▌ 지속가능보고서 발간 여부에 대한 회계정보 가치관련성 평행성 검증결과

독립변수 \ 모형	지속가능경영보고서를 자발적으로 공시한 기업	지속가능경영보고서를 공시하지 않은 기업	평행성 검증결과
	회귀계수	회귀계수	t-값
BV	0.965	0.453	11.50***
X	5.747	4.094	3.04***

주) 1. 변수의 정의는 〈표 5〉의 하단과 동일함
2. ***, **, *는 각각 1%, 5%, 10% 수준에서 유의함

아래에 제시한 〈표 9〉는 기업의 사회적 책임을 내부와 외부로 구분한 후 가설2-1을 검증하기 위해 외부 사회적 책임 수준에 따라 회계정보의 가치관련성에 차이가 있는지를 회귀 분석한 결과이다.

외부 사회적 책임의 수준은 기존의 국내·외 선행연구의 측정방법에 따라 금융업에 속한 상장기업이 공시한 기부금 자료를 이용하였으며, 활동수준이 높은 기업과 낮은 기업의 구분은 중위수를 기준으로 하였다. 분석결과 외부 사회적 책임 수준이 높은 기업의 순자산과 회계이익의 회귀계수는 각각 0.595, 9.757로 나타났으며, 외부 사회적 책임 수준이 낮은 기업의 순자산과 회계이익의 회귀계수는 각각 0.252와 4.202로 나타나 외부 사회적 책임 수준이 높은 기업의 회계정보 가치관련성이 외부 사회적 책임 수준이 낮은 기업에 비해 큰 것으로 분석되었다. 뿐만 아니라 회귀모형의 설명력을 나타내는 수정R^2도 외부 사회적 책임 수준이 높은 기업이 0.855, 외부 사회적 책임 수준이 낮은 기업이 0.677로 나타났다. 이러한 결과는 [연구가설1]의 분석결과와 일치한다. 이는 기업의 가치를 설명하는데 있어 외부 사회적 책임 수준이 높은 기업의 경우 핵심적인 회계정보인 순자산과 회계이익 변수가 매우 유용하다는 것을 의미한다.

▌표 9▐ 사회적 책임 수준에 대한 회계정보의 가치관련성 분석결과

모형 / 독립변수	외부 사회적 책임 수준이 높은 기업		외부 사회적 책임 수준이 낮은 기업	
	회귀계수	t-값	회귀계수	t-값
절 편	−7668.7	−3.32***	5208.7	6.34***
BV	0.595	5.56***	0.252	4.60***
X	9.757	8.07***	4.202	6.80***
NEGX	−22.681	−1.46	−4.156	−2.67***
DIV	−0.044	−0.05	−0.271	−0.71
연도더미	포 함			
F-value	225.20***		80.43***	
수정R^2	0.855		0.677	
표본 수	157		158	

주) 1. 변수의 정의는 〈표 5〉의 하단과 동일함
　2. ***, **, *는 각각 1%, 5%, 10% 수준에서 유의함

아래의 〈표 10〉은 외부 사회적 책임 수준에 따라 회계정보의 가치관련성에 대한 회귀분석 결과에서 추정된 순자산과 회계이익의 계수에 대한 차이를 평행성 검증에 대한 결과이다.

▌표 10▐ 외부 사회적 책임 수준에 대한 회계정보 가치관련성 평행성 검증결과

모형 / 독립변수	외부 사회적 책임 수준이 높은 기업	외부 사회적 책임 수준이 낮은 기업	평행성 검증결과
	회귀계수	회귀계수	t-값
BV	0.595	0.252	4.44***
X	9.757	4.202	7.36***

주) 1. 변수의 정의는 〈표 5〉의 하단과 동일함
　2. ***, **, *는 각각 1%, 5%, 10% 수준에서 유의함

검증결과 외부 사회적 책임 수준이 높은 기업이 외부 사회적 책임 수준이 낮은 기업의 회귀계수가 통계적으로 유의하게 큰 것으로 나타났다. 이러한 결과는 외부 사회적 책임 수준이 높은 기업의 회계정보 가치관련성이 외부 사회적 책임 수준이 낮은 기업의 회계정보 가치관련성에 비해 통계적으로 높다는 것을 의미한다.

아래에 제시한 〈표 11〉은 [연구가설 2-2]를 내부 사회적 책임 수준에 따라 회계정보의 가치관련성에 차이가 있는지를 회귀 분석한 결과이다.

▮표 11▮ 내부 사회적 책임 수준에 대한 회계정보의 가치관련성 분석결과

독립변수 \ 모형	내부 사회적 책임 수준이 높은 기업		내부 사회적 책임 수준이 낮은 기업	
	회귀계수	t-값	회귀계수	t-값
절 편	1509.3	1.11	-4416.6	-1.80^{*}
BV	0.304	3.74^{***}	0.606	5.30^{***}
X	6.790	6.77^{***}	8.081	6.09^{***}
NEGX	-6.826	-2.28^{**}	-14.754	-2.56^{**}
DIV	-0.240	-0.63	0.884	0.73
연도더미	포 함			
F-value	42.80^{***}		174.63^{***}	
수정R^2	0.515		0.816	
표본 수	158		157	

주) 1. 변수의 정의는 〈표 5〉의 하단과 동일함
2. ***, **, *는 각각 1%, 5%, 10% 수준에서 유의함

분석결과 [연구가설 2-1]의 분석결과와는 상반된 분석결과를 보여주고 있다. 가설 2-1의 분석결과와 달리 내부 사회적 책임 수준이 높은 기업이 내부 사회적 책임 수준이 낮은 기업에 비해 회계정보의 가치관련성이 낮은 것으로 나타났다.

아래의 〈표 12〉는 내부 사회적 책임 수준에 따른 회계정보의 가치관련성을 분석하기 위한 모형에서 추정된 순자산과 회계이익의 차이를 통계적으로 분석한 평행성 검증결과이다.

내부 사회적 책임 수준이 높은 기업의 회계정보 가치관련성이 낮은 기업보다 오히려 낮은 것으로 분석되었다. 이와 같은 결과는 두 가지로 해석될 수 있을 것으로 추정된다. 먼저 회계정보의 가치관련성은 기업이 수행하는 사회적 책임 중 외부이해관계자들을 대상으로 한 활동과 관련성이 높은 반면에 내부이해관계자들을 대상으로 한 활동과는 관련성이 낮기 때문인 것으로 추정된다.

▌표 12▐ 내부 사회적 책임 수준에 대한 회계정보 가치관련성 평행성 검증결과

독립변수 \ 모형	내부 사회적 책임 수준이 높은 기업	내부 사회적 책임 수준이 낮은 기업	평행성 검증결과
	회귀계수	회귀계수	t-값
BV	0.304	0.606	-4.07***
X	6.790	8.081	-1.42

주) 1. 변수의 정의는 〈표 5〉의 하단과 동일함
2. ***, **, *는 각각 1%, 5%, 10% 수준에서 유의함

3. 소결론

기업의 지속가능경영이 새로운 경영의 패러다임으로 등장하면서 기업의 사회적 책임은 선택이 아닌 필수요소가 되었다. 기업이 수행하는 지속가능경영은 기업이 지속적으로 성장하기 위해서는 이윤추구만이 아닌 기업의 이해관계자들인 종업원, 지역사회 등에 대한 사회적 책임을 이행할 때 비로소 달성될 수 있다. 일부에서는 기업의 사회적 책임과 사회적 책임을 유사한 개념으로 이해하기도 하나 일반적으로 사회적 책임의 개념이 사회적 책임을 포함한다.

수많은 국내·외 선행연구에 따르면 기업이 수행하는 다양한 내·외부 사회적 책임을 포함한 기업의 사회적 책임을 적극적으로 수행할 때 비로소 기업가치와 회계정보의 유용성이 향상될 수 있음을 지적하고 있다. 이에 최근 국내·외 선행연구들은 기업의 사회적 책임이 기업가치, 정보 불균형, 회계정보의 유용성 등에 대한 연구가 보다 활발하게 진행되고 있다. 그러나 이와 같은 연구들은 대부분 제조 기업을 대상으로 한 연구로서 제조 기업에 비해 상대적으로 보다 높은 수준의 사회적

책임을 요구하는 금융업에 대한 연구는 전무한 실정이다.

이에 본 연구는 2005년부터 2015년까지 유가증권시장에 상장된 금융업종을 대상으로 사회적 책임과 회계정보의 가치 관련성 간의 관계를 실증적으로 분석하였다. 회계정보의 가치 관련성을 분석하기 위한 모형으로는 선행연구에서 제시된 Ohlson(1995) 모형을 이용하였으며, 순자산과 회계이익에 대한 회귀계수의 차이를 검증하기 위하여 Hollander(1970)의 평행성 검증을 실시하였다. 먼저 기업이 수행하고 있는 종합적인 사회적 책임 수준을 지속가능경영보고서의 자발적 공시 여부로 측정하였다. 즉, 자발적으로 지속가능경영보고서를 공시한 기업은 사회적 책임 수준이 높은 기업으로 공시하지 않은 기업은 사회적 책임 수준이 낮은 기업으로 구분하였다. 다음으로 선행연구에 따라 기업이 수행하는 사회적 책임을 내부와 외부로 구분하여 내부 사회적 책임 수준의 대용변수로 기업이 종업원을 대상으로 지출하는 복리후생비 자료를 이용하였으며, 외부 사회적 책임 수준의 대용변수로는 기부금 자료를 이용하였다.

실증분석결과는 다음과 같다.

첫째, 종합적인 기업의 사회적 책임의 측정치인 지속가능경영보고서를 자발적으로 공시한 기업이 공시하지 않은 기업에 비해 순자산과 회계이익에 대한 가치관련성이 보다 높은 것으로 나타났다. 이러한 결과는 시회공헌활동을 적극적으로 수행하는 기업의 회계정보의 유용성이 그렇지 않은 기업에 비해 높다는 것을 의미한다. 즉, 자본시장참여자들은 기업의 가치를 평가하는데 있어 사회적 책임의 수준이 높은 기업의 경우 순자산과 회계이익 정보를 유용하게 활용하고 있음을 보여주는 결과라 할 수 있다. 둘째, 사회적 책임을 내부와 외부로 구분하여 회계정보의 가치 관련성을 분석한 결과 외부 사회적 책임의 수준이 높은 기업의 순자산과 회계이익의 가치 관련성이 외부 사회적 책임 수준이 낮은 기업의 가치 관련성보다 높은 것으로 나타났다. 그러나 외부 사회적 책임 수준에 대한 분석결과와 달리 내부 사회적 책임 수준이 높은 기업의 회계정보 가치 관련성이 내부 사회적 책임 수준이 낮은 기업의 회계정보 가치 관련성보다 낮은 것으로 나타났다. 이러한 결과는 회계정보의 가치관련성이 주로 자본시장에 참여하는 외부 이해관계자들에 의해 결정되는 것으로서 내부 이해관계자들을 대상으로 한 사회적 책임보다 외부 이해관계자들을 대상으로 한 사회적 책임과 보다 밀접한 관련이 있기 때문인 것으로 해석될 수 있을 것이다. 뿐만 아니라 내부 사회적 책임 수준의 대용변수로 복리후생비 변수가 적절하지 않을 수 있기 때문일 것으로 추정된다.

이상의 결과를 종합하여 볼 때, 기업이 수행하는 사회적 책임은 회계정보의 유용성과 매우 밀접한 관계를 가지고 있으며, 특히 사회적 책임 수준이 높은 기업이 낮은 기업에 비해 회계정보의 유용성이 높다는 것을 알 수 있다.

본 연구는 금융업을 표본으로 선정하여 사회적 책임과 회계정보와의 가치 관련성을 수행하였다는 점에서 표본선택에서의 편의의 문제와 분석결과에 대한 해석을 일반화하는데 있어서 한계점을 가진다. 또한 본 연구에서는 기업의 사회적 책임의 대용변수로 복리후생비와 기부금을 사용하였으나, 이들 변수가 내부 및 외부 사회적 책임을 대표할 수 없다는 한계점이 있다.

추후 연구에서는 사회적 책임을 유형별로 구분하고 다양한 사회적 책임 지출 비용 등을 추가하여 분석해보는 연구도 의의가 있을 것이다. 또한 지속가능경영보고서는 동일한 기준에 맞게 작성되어 발행하고 있으므로 금융업과 비금융업간의 사회적 책임과 회계정보와의 가치 관련성 차이에 대한 연구를 수행해보는 것도 좋은 연구주제가 될 수 있을 것이다.

Chapter 04 기업의 사회적 책임이 회계정보의 질에 미치는 영향

1. 연구방법의 설계

(1) 연구가설의 설정

기업의 사회적 책임 활동에 대한 신호는 대부분 자본시장에서 긍정적인 반응으로 보고되고 있다. 많은 선행연구에서 기업의 사회적 책임 활동은 회계정보의 질을 향상시킨다는 실증분석 결과를 보고하고 있다. 회계이익의 질에 가장 많은 영향을 주는 요인으로 간주되는 이익의 질은 이익이 유지되는 정도로, 이익이 유지되는 정도가 높으면 이익의 질이 높아진다는 견해를 가진다.

기업을 평가하는데 있어서 이익의 질이 높게 나타날수록 기업성과에 대한 회계이익의 정보력이 높아지며, 이는 기업의 미래경영성과와 함께 회계정보의 질도 높아진다고 보고되었다(Tucker & Zarowin, 2006)

최현정과 문두철(2013)은 기업의 사회적 책임 활동을 수행하는 기업이 수행하지 않는 기업보다 이익조정을 적게 하며 이익 지속성은 높다는 연구결과를 보고하였으며, 한경희와 이계원(2013)의 연구에서는 기업의 CSR 과 이익의 지속성이 기업가치에 긍정적인 영향을 미친다는 결과가 제시되기도 하였다.

기업의 사회적 책임의 성과가 높은 기업이 그렇지 않은 기업에 비해 이익의 질을 향상시킨다는 연구결과(조문기와 김숙연, 2014)와 금융업을 중심으로 사회적 책임을 적극적으로 수행하는 기업의 회계정보의 유용성이 그렇지 않은 기업에 비해 높다는 연구결과(권한섭과 박종원, 2016)도 보고되었다.

따라서 기업의 자발적이고 적극적인 사회적 책임 활동은 기업의 지속적인 성장을 위한 전제 조건이 될 수 있으며, 기업의 사회적 책임 활동을 통해 기업의 이익 증가와 더불어 이익의 지속성 또한 제고될 것으로 기대되며, 다음과 같은 [연구가설 1]을 설정한다.

[연구가설 1] 기업의 사회적 책임이 이익의 질을 향상시킬 것이다.

발생액의 질은 발생액이 과거, 현재 또는 미래에 현금으로 실현되는 정도를 나타내는 측정치로, 회계정보의 질은 발생액의 질을 활용해서도 측정될 수 있다.

발생액의 질을 활용한 기업의 사회적 책임에 대한 연구는 회계투명성과도 관련된 연구가 진행되었으며, 기업의 사회적 책임을 수행하는 기업은 회계정보의 질이 높다는 연구결과를 보고하고 있다.

Beaudion(2008)은 기업의 사회적 책임 수준이 높은 기업이 그렇지 않은 기업에 비해 이익조정을 적게 하는 경향이 있으며, Kim et al.(2011)는 기업의 사회적 책임 활동을 수행하는 기업과 그렇지 않은 기업간 분석한 결과에서 재량적 발생액과 실물활동을 통한 이익조정은 낮다는 연구결과가 제시되었다.

Choi & Pae(2011)의 연구에서는 회계 투명성의 대용치로 재량적 발생액, 발생액의 질 및 보수주의의 정도를 사용하여 기업윤리와의 관련성을 분석하였으며, 기업윤리에 전념하는 기업일수록 재량적 발생액으로 측정한 이익조정은 낮으며, 발생액의 질은 높게 나타나고 보수주의는 강한 것으로 나타났다.

이정엽과 송은주(2014)의 연구에서도 지속적이고 적극적으로 CSR 활동을 수행한 기업일수록 발생액의 질은 높아지고, 보수적인 회계처리를 선호하는 것으로 나타났다.

이상의 연구결과를 토대로 기업의 사회적 책임 활동을 통해 발생액의 질이 높을 것으로 기대되며, 다음과 같은 [연구가설 2]를 설정한다.

[연구가설 2] 기업의 사회적 책임이 발생액의 질을 향상시킬 것이다.

(2) 연구모형

본 연구는 금융업종에 속한 기업들의 사회적 책임이 회계정보의 질에 긍정적인 영향을 미치는지를 실증적으로 분석한 연구이다. 회계이익의 질에 대한 대용변수(proxy variables)로는 이익의 정보효과(이익반응계수), 이익지속성, 발생액의 질, 이익의 정확성, 이익의 예측가능성, 이익의 유연성, 재무분석가의 이익예측치 분산 등이 주로 사용된다. 본 연구에서는 회계정보의 질에 대한 대용변수로 이익지속성과 발생액의 질을 이용하여 분석하였다.

$$NI_t = \beta_0 + \beta_1 NI_{t-1} + \beta_2 dumCSR_t + \beta_3 NI_{t-1} \cdot dumCSR_t + \sum YR + \epsilon_t \qquad 식(1)$$

〈변수설명〉

NI_t	: t년도 당기순이익/기초총자산
NI_{t-1}	: t-1년도 당기순이익/기초총자산
$dumCSR1_t$	: 지속가능경영보고서를 발간한 기업이면 1, 그렇지 않으면 0
$dumCSR2_t$	: 기초총자산으로 표준화한 기부금이 평균보다 크면 1, 그렇지 않으면 0
ΣYR	: 연도더미
ε	: 오차항

위에 제시된 식(1)은 금융업의 사회적 책임과 이익지속성 간의 관계를 검증하기 위한 모형, 즉 가설(1)을 검증하기 위한 모형이다. 아래의 식(1)에서 기업의 사회적 책임에 대한 성과가 작은 기업의 이익지속성 계수는 β_1의 계수이며, 사회적 책임에 대한 성과가 큰 기업의 이익지속성 계수는 $(\beta_1 + \beta_3)$의 계수에 해당한다. 만일 기업의 사회적 책임에 대한 성과가 큰 기업이 작은 기업에 비해 이익의 지속성이 높으면 β_3의 계수가 통계적으로 유의하면서 $(\beta_1 + \beta_3)$의 계수값이 β_1의 계수값 보다 커야 한다(조문기 · 김숙연, 2014). 따라서 적극적인 사회적 책임을 수행할 경우 β_3의 계수값은 통계적으로 유의한 양(+)의 값을 가질 것으로 예상되며, $(\beta_1 + \beta_3)$의 계수는 β_1의 계수값 보다 클 것으로 예상된다.

다음으로 아래에 제시된 식(2)는 금융업종에 속한 기업의 사회적 책임 수준과 회계정보의 질에 대한 대용변수 중 하나인 재량적 발생액의 질 간의 관계를 검증하기 위한 모형이다. 식(2)의 종속변수는 일반적으로 주로 사용하는 Jones 모형을 이용하여 추정하였다. 보다 구체적인 측정방법은 변수의 측정에서 제시하였다.

만일 본 연구의 가설설정 논리가 타당하다면, 즉 기업의 적극적인 사회적 책임이 회계정보의 질에 긍정적인 영향을 미친다면, β_1의 계수값은 통계적으로 유의한 음(−)의 값을 가질 것으로 예상된다.

$$AQ_t = \alpha_0 + \beta_1 dumCSR_t + \beta_2 CFO_t + \beta_3 BIG4_t + \beta_4 LEV_t + \beta_5 SGRW_t + \beta_6 ROA_t + \beta_7 MTB_t + \beta_8 SIZE_t + \beta_9 LOSS_t + \sum YR + \varepsilon_t \quad \text{식(2)}$$

〈변수설명〉

AQ	: 발생액의 질(잔차의 절대값)
$dumCSR1_t$	: 지속가능경영보고서를 발간한 기업이면 1, 그렇지 않으면 0
$dumCSR2_t$	: 기초총자산으로 표준화한 기부금이 평균보다 크면 1, 그렇지 않으면 0
CFO	: 영업현금흐름/전기총자산
BIG4	: BIG4 피감사 기업이면 1, 그렇지 않으면 0
LEV	: 부채총계/자산총계
SGRW	: 매출액성장률
ROA	: 영업이익/전기총자산
MTB	: 시가총액/자본총계
SIZE	: 시가총액의 자연로그 값
LOSS	: 당해연도 손실기업이면 1, 그렇지 않으면 0

[연구가설 1]을 검증하기 위한 분석모형인 식(1)에 이용된 주요 변수는 당기순이익 변수이며, 주요 관심변수인 금융업의 사회적 책임에 대한 수준은 지속가능경영보고서의 발간여부와 기부금으로 측정하였다. 당기순이익은 총자산으로 표준화하였으며, 기부금 변수 또한 기업규모를 통제하기 위하여 총자산으로 표준화하였다. 금융업의 사회적 책임에 대한 변수는 지속가능경영보고서의 발간여부(dumCSR1)와 기부금의 크기(dumCSR2)를 측정하였다.

[연구가설2]를 검증하기 위한 분석모형인 식(2)에 이용된 종속변수인 재량적 발

생액의 질은 아래에 제시된 식(3)의 모형에 의해 추정하였다.

$$TAC_t/TA_{t-1} = \alpha \cdot [1/TA_{t-1}] + \beta \cdot [(\Delta REV_t - \Delta REC_t)/TA_{t-1}] + \gamma \cdot [PPE_t/TA_{t-1}] + e_t \quad \text{식(3)}$$

〈변수설명〉

TAC_t	: 총발생액(당기순이익-영업활동으로 인한 현금흐름)
TA_{t-1}	: 전기 총자산
ΔREV_t	: 당해연도 매출액 - 전년도 매출액
ΔREC_t	: 당해연도 매출채권 - 전년도 매출채권
PPE	: 유형자산 총계 - 토지 – 건설중인 자산
ε	: 오차항

금융업의 경우 매출액 자체가 일반적으로 대부분 현금매출에 해당하므로 매출채권은 모형에 포함시키지 않았다.

식(3)은 재량적 발생액을 추정하기 위한 모형으로 오차항이 재량적 발생액을 의미한다. 재량적 발생액의 질은 식(3)에 의해 추정된 오차항에 절댓값을 취하여 측정하였다.

식(2)에 포함된 통제변수인 CFO는 현금흐름표 상 영업활동으로 인한 현금흐름을 기초 총자산으로 표준화하여 측정하였으며, BIG4는 감사인의 규모를 나타내는 더미변수를 의미한다. BIG4[8]는 피감사 기업의 재량적 발생액이 유의하게 낮다는 선행연구의 결과에서 알 수 있듯이 발생액의 질과 음(–)의 관련성을 가질 것으로 예상된다. LEV는 부채총계를 자산총계로 나눈 비율로 측정하였으며, SGRW는 전년 대비 당해연도 매출액증가율을 의미하며, 매출액성장률이 높은 기업은 투자기회의 확대로 인해 추가 자금조달의 유인이 있기 때문에 보고이익을 증가시킬 것으로 예상되어 발생액의 질과 양(+)의 관련성을 가질 것으로 예상된다. ROA는 당기순이익이 아닌 영업이익을 전기 총자산으로 나누어 측정하였으며, MTB는 자본총계 대비

8) 국내 BIG4 회계법인은 삼일회계법인(삼일PwC, PwC : PriceWaterhouseCoopers), 안진회계법인(딜로이트안진, Deloitte), 삼정회계법인(삼정KPMG, KPMG), 한영회계법인(EY한영, E&Y : Ernst & Young)이다.

시가총액의 비율로 측정하였다. SIZE는 시가총액에 자연로그를 취하여 측정하였으며 기업규모가 클수록 정치적 비용의 증가로 인하여 발생액의 질과 음(-)의 관계를 가질 것으로 예상된다. 마지막으로 LOSS는 손실기업 여부를 나타내는 더미변수를 의미한다.

(3) 표본의 선정

본 연구에 이용된 표본은 2005년부터 2015년까지 유가증권시장 상장기업이며 금융업종을 대상으로 지속가능경영보고서를 발간한 기업, 기부금 자료를 입수할 수 있는 기업을 대상으로 하였다. 재무자료는 (주)한국신용평가의 Kis-Value를 이용하여 추출하였으며 실증분석을 위하여 SAS9.1을 이용하였다. 지속가능경영보고서 발간여부는 대한상공회의소 산하 지속가능경영원 사이트를 통해 확인하였으며, 기부금 자료는 전자공시시스템(DART) 상 감사보고서를 통해 수집하였다. 금융업의 경우 제조업에 비해 표본수가 적기 때문에 가능한 분석에 이용가능한 표본수를 확보하기 위하여 [연구가설 1]을 검증하기 위한 표본과 [연구가설 2]를 검증하기 위한 표본을 구분하여 이용하였다.

① 유가증권시장 상장기업

② 금융업 및 보험업

③ 재무 및 주가자료를 입수할 수 있는 기업

최종적으로 [연구가설 1]을 검증하기 위해 이용된 표본수는 총 313개(기업-년)이며, [연구가설 2]를 검증하기 위한 최종 표본수는 269개(기업-년)이다.

2. 실증분석 결과

(1) 기술통계량

〈표 13〉은 실증분석에 이용된 주요 변수들의 기술통계량을 제시하고 있다. 먼저 당기 이익(NIt)의 평균은 0.012, 최대값은 0.061, 최소값은 -0.032로 나타났으며, 전기 이익(NIt-1)의 평균은 0.013, 최대값 0.092, 최소값 -0.069로 나타나 평균적으로 전기 이익이 당기 이익보다 다소 높은 것으로 분석되었다.

▌표 13▐ 변수들의 기술적 통계량

변 수	평 균	표준편차	최대값	중위수	최소값
Panel A: 이익지속성 검증을 위한 표본(N=313)					
NIt	0.012	0.011	0.061	0.010	-0.032
NIt-1	0.013	0.016	0.092	0.011	-0.069
dumCSR1	0.191	0.394	1	0	0
dumCSR2	0.226	0.419	1	0	0
Panel B: 발생액의 질 검증을 위한 표본(N=269)					
AQ	0.103	0.122	0.973	0.068	0.000
dumCSR1	0.167	0.373	1	0	0
dumCSR2	0.201	0.401	1	0	0
CFO	-0.005	0.162	0.427	0.013	-1.121
BIG4	0.769	0.421	1	1	0
LEV	0.784	0.177	0.989	0.847	0.227
SGRW	0.174	0.397	2.204	0.111	-0.667
ROA	0.018	0.023	0.133	0.015	-0.078
MTB	1.087	1.459	22.651	0.802	0.248
SIZE	26.992	1.361	30.204	26.785	23.472
LOSS	0.122	0.328	1	0	0

〈변의 정의〉

NI_t : t년도 당기순이익/기초총자산

NI_{t-1} : t-1년도 당기순이익/기초총자산

$dumCSR1_t$: 지속가능경영보고서를 발간한 기업이면 1, 그렇지 않으면 0

$dumCSR2_t$	: 기초총자산으로 표준화한 기부금이 평균보다 크면 1, 그렇지 않으면 0
AQ	: 발생액의 질(잔차의 절대값)
CFO	: 영업현금흐름/전기총자산
BIG4	: BIG4 피감사 기업이면 1, 그렇지 않으면 0
LEV	: 부채총계/자산총계
SGRW	: 매출액성장률
ROA	: 영업이익/전기총자산
MTB	: 시가총액/자본총계
SIZE	: 시가총액의 자연로그 값
LOSS	: 당해연도 손실기업이면 1, 그렇지 않으면 0

또한 제조업의 당기순이익에 비해 다소 낮은 수준인 것으로 나타났다. dumCSR1은 지속가능경영보고서의 발간여부에 대한 변수로 전체 표본 기업 중 평균적으로 약 20%에 해당하는 기업이 지속가능경영보고서를 발간하는 것으로 나타났으며, dumCSR2는 기부금에 대한 변수로 표본기업 중 약 20% 이상의 기업이 전체 기업의 평균 기부금 보다 많이 지출하고 있는 것으로 나타났다.

(2) 상관관계분석

아래에 제시된 〈표 14〉는 실증분석 모형에 이용된 주요 변수들 간의 상관관계분석 결과를 제시하고 있다. 먼저 [연구가설 1]을 검증하기 위한 모형에 이용된 변수들의 상관관계분석 결과를 살펴보면, 지속가능경영보고서의 발간여부(dumCSR1)과 당기 이익은 통계적으로 5% 주순에서 유의한 양(+)의 관계를 갖는 것으로 나타났으나, 전기 이익과는 통계적 유의수준이 다소 낮은 1% 유의수준에서 유의한 양(+)의 관계를 갖는 것으로 나타났다. 다음으로 기부금 지출 수준변수(dumCSR2)와 당기 이익, 전기 이익 모두 통계적으로 유의한 양(+)의 관계를 갖는 것으로 나타났으며, 지속가능경영보고서 발간여부 변수와도 통계적으로 1% 유의수준에서 유의한 양(+)의 값을 갖는 것으로 나타났다.

다음으로 [연구가설 2]를 검증하기 위한 모형에 이용된 변수들의 상관관계를 살펴보면, 지속가능경영보고서 발간여부(dumCSR1) 변수와 발생액의 질을 나타내는 변수(AQ)와 통계적으로 유의한 음(-)의 관계를 갖는 것으로 나타났다. 또한 금융업의 기부금 지출 수준변수(dumCSR2)와 발생액의 질(AQ) 간에도 통계적으로 유의한 음(−)의 관계를 갖는 것으로 나타났다. 발생액의 질에 영향을 미치는 다양한 통제변수를 고려하지 않은 결과이지만 이러한 상관관계분석 결과는 앞서 가설설정 논리와 일치하고 있음을 확인할 수 있다.

영업활동으로 인한 현금흐름(CFO)와 발생액의 질(AQ)간에는 유의한 음(−)의 관련성이 있는 것으로 나타났으며, 총자산이익률(ROA) 변수와는 통계적으로 유의한 양(+)의 관련성이 있는 것으로 나타났다. 이외의 다른 통제변수들과 재량적 발생액의 질 간에는 통계적으로 유의한 관련성이 없는 것으로 나타났다.

❙표 14❙ 주요 변수들의 상관관계 분석

Panel A: 이익지속성 검증을 위한 표본(N=313)				
변 수	NIt	NIt−1	dumCSR1	dumCSR2
NIt	1			
NIt−1	0.542***	1		
dumCSR1	0.141**	0.110*	1	
dumCSR2	0.351***	0.314***	0.240***	1

Panel B: 발생액의 질 검증을 위한 표본(N=269)											
변수	AQ	dum CSR1	dum CSR2	CFO	BIG4	LEV	SGRW	ROA	MTB	SIZE	LOSS
AQ	1										
dum CSR1	−0.130**	1									
dum CSR2	−0.151**	0.322***	1								
CFO	−0.312***	0.052	0.097	1							
BIG4	−0.055	0.174***	0.031	0.020	1						
LEV	−0.092	0.236***	0.110*	0.046	0.619***	1					
SGRW	−0.025	−0.041	−0.076	0.101	−0.027	0.044	1				
ROA	0.148**	−0.107*	−0.095	−0.069	−0.218***	−0.459***	0.193***	1			
MTB	−0.012	0.145**	0.116*	−0.007	0.144**	0.175***	0.044	−0.164***	1		
SIZE	0.001	0.126**	−0.014	−0.084	0.350***	0.314***	0.054	0.135**	0.191***	1	
LOSS	0.030	−0.076	−0.045	0.012	−0.010	−0.117*	−0.007	−0.005	−0.021	−0.071	1

주) 1. 변수의 정의는 〈표 13〉의 하단과 동일함

2. 피어슨 상관관계분석 결과임

3. ***, **, *는 각각 1%, 5%, 10% 수준에서 유의함

(3) 실증분석결과

〈표 15〉는 금융업의 사회적 책임 수준과 회계정보의 질 중 하나인 이익지속성과의 관계를 회귀분석한 결과이다.

금융업의 사회적 책임 수준에 대한 대용변수인 지속가능경영보고서 발간여부에 따른 이익지속성과의 관계에서 전기 이익과 당기 이익과의 관계를 나타내는 회귀계수인 β_1은 0.397로 통계적으로 유의한 양(+)의 값을 갖는 것으로 나타났다.

▌표 15▌ 금융업의 사회적 책임 수준과 이익지속성

$$NI_t = \beta_0 + \beta_1 NI_{t-1} + \beta_2 dumCSR_t + \beta_3 NI_{t-1} \cdot dumCSR_t + \sum YR + \epsilon_t$$

변 수	dumCSR1 (지속가능보고서 발간여부)		dumCSR2 (기부금 수준)	
	Coeff.	T-value	Coeff.	T-value
Intercept	0.006	8.90***	0.006	9.09***
NIt-1	0.397	11.05***	0.357	9.07***
dumCSR1t	0.002	1.00		
dumCSR2t			0.002	1.87*
NIt-1 · dumCSR1t	0.026	0.23		
NIt-1 · dumCSR2t			0.114	2.10**
ΣYR	포 함		포 함	
Adj. R^2	0.318		0.328	
F-value	49.69***		51.82***	
표본 수	313		313	

주) 1. 변수의 정의는 〈표 13〉의 하단과 동일함
2. ***, **, *는 각각 1%, 5%, 10% 수준에서 유의함

지속가능경영보고서 발간기업의 이익지속성 계수($\beta_1+\beta_3$)는 0.423 (=0.397+0.026)으로 지속가능경영보고서를 발간하지 않는 기업의 이익 지속성 계수(β_1=0.397)보다는 높은 것으로 나타났으나 통계적으로 유의성은 없는 것으로 분석되었다. 즉, 지속가능경영보고서의 발간여부와 이익지속성 간에는 통계적으로 유의한 관계가 없는 것으로 나타났다.

지속가능경영보고서 발간여부를 금융업의 사회적 책임 수준으로 한 회귀분석 결과와 달리, 기부금 지출수준에 따른 이익지속성과의 관계의 분석결과에서는 전기

이익과 당기 이익과의 관계를 나타내는 회귀계수인 β_1은 0.357로 통계적으로 유의한 양의 값을 갖는 것으로 나타났다. 기부금을 기초총자산으로 표준화한 값이 평균보다 큰 기업의 이익 지속성 계수($\beta_1+\beta_3$)는 0.471(=0.357+0.114)로 기부금 지출액이 평균보다 적은 기업의 이익 지속성 계수(β_1=0.357)보다 높은 것으로 나타났으며 통계적으로 5% 유의수준에서 유의한 것으로 분석되었다. 위에 제시된 회귀분석결과를 종합하면 [연구가설 1]은 부분적으로 지지되고 있음을 알 수 있다.

다음으로 아래에 제시된 〈표 16〉은 금융업의 사회적 책임 수준과 회계정보의 질 변수 중 하나인 발생액의 질과의 관계를 분석한 회귀분석결과를 제시하고 있으며, *dumCSR* 계수는 기업의 사회적 책임을 자발적이고 적극적으로 수행하는 기업과 그렇지 않은 기업 간의 재량적 발생액 차이를 의미한다.

❙ 표 16 ❙ 금융업의 사회적 책임 수준과 발생액의 질

$$AQ_t = \alpha_0 + \beta_1 dumCSR_t + \beta_2 CFO_t + \beta_3 BIG4_t + \beta_4 LEV_t + \beta_5 SGRW_t + \beta_6 ROA_t + \beta_7 MTB_t + \beta_8 SIZE_t + \beta_9 LOSS_t + \sum YR + \varepsilon_t$$

변 수	dumCSR1 (지속가능보고서 발간여부)		dumCSR2 (기부금 수준)	
	Coeff.	T-value	Coeff.	T-value
Intercept	0.169	1.12	0.199	1.32
dumCSR1	-0.033	-1.72*		
dumCSR2			-0.036	-2.01**
CFO	-0.227	-5.15***	-0.222	-5.05***
BIG4	-0.003	-0.16	-0.006	-0.29
LEV	0.024	0.40	0.022	0.37
SGRW	-0.017	-0.94	-0.018	-1.01
ROA	0.779	2.09**	0.777	2.08**
MTB	0.002	0.52	0.002	0.57
SIZE	-0.003	-0.58	-0.004	-0.73
LOSS	0.010	0.49	0.011	0.51
ΣYR	포 함		포 함	
Adj. R^2	0.099		0.102	
F-value	4.28***		4.42***	
표본 수	269		269	

주) 1. 변수의 정의는 〈표 13〉의 하단과 동일함
2. ***, **, *는 각각 1%, 5%, 10% 수준에서 유의함

금융업의 사회적 책임 수준에 대한 대용변수인 지속가능경영보고서 발간여부와 발생액의 질과의 관계를 나타내는 $dumCSR1$의 계수는 통계적으로 10% 유의수준에서 유의한 음(-)의 값(-0.033)을 갖는 것으로 나타났다. 다소 통계적 유의성이 낮은 수준이나 이러한 결과는 [연구가설 2]의 설정논리를 실증적으로 뒷받침하는 결과라 할 수 있다. 또한 금융업의 기부금 지출수준 변수와 발생액의 질과의 관계를 나타내는 $dumCSR2$의 계수는 통계적으로 5% 유의수준에서 유의한 음(-)의 값(-0.036)을 갖는 것으로 나타났다. 즉, 이러한 결과는 기부금의 지출수준으로 측정된 금융업의 사회적 책임 수준이 적극적일수록 재량적 발생액의 질이 향상되고 있음을 확인할 수 있는 결과라 할 수 있다.

위에 제시된 회귀분석결과를 종합하면 [연구가설 2]는 지지되고 있음을 알 수 있다. 이러한 결과는 금융업종에 속한 기업의 자발적이고 적극적인 사회적 책임 수준이 발생액의 질을 향상시키는데 기여하고 있음을 뒷받침하는 결과이다.

3. 소결론

전 세계적으로 기업의 사회적 책임에 대한 관심과 논의는 이미 다양한 영역에서 이루어지고 있다. 기업은 경제적 부가가치를 창출하는 경제조직으로서의 뿐만 아니라 기부와 자선활동, 인권 및 환경보호 등을 유지하고 개선해야 하는 이중적 지위를 가진다.

국내 기업들도 이러한 기업의 사회적 책임에 대한 요구에 대응하며 다양한 활동들이 수행되고 있으며, 국제기준 및 요구에 맞춰 CSR보고서(지속가능경영보고서)를 발간하거나 UN이 주도하는 Global Compact에 적극적으로 가입하는 기관들도 점차 증가하고 있는 추세이다. 그럼에도 불구하고 국내 금융기관들의 사회적 책임 활동에 대한 경영은 매우 제한적인 수준에 머물러 있다.

제조업에 속한 기업을 대상으로 한 기업의 사회적 책임과 회계정보의 질, 자본비용, 기업가치 등과의 관계를 검증한 국내외 선행연구들은 활발하게 진행되어 왔으나, 금융업을 대상으로 한 연구는 전무한 실정이다. 이에 본 연구는 금융업종에 속한 기업을 대상으로 분석을 실시하였다는 점에서 기존의 국내외 선행연구들과 차별성을 갖는다. 금융업을 대상으로 한 연구가 활발하게 진행되지 않는 이유 중 하나는 금융업의 경우 실증분석에 필요한 변수의 대부분을 전자공시시스템(DART)에서 추출해야 하는 어려움을 하나의 원인으로 들 수 있다.

이에 본 연구에서는 2005년부터 2015년까지 유가증권시장에 상장된 금융업종에 해당하는 기업을 대상으로 기업의 사회적 책임 수준에 따라 회계정보의 질, 즉 이익의 질(이익지속성)과 발생액의 질에 미치는 영향에 대한 분석을 수행하였다. 기업의 사회적 책임 활동은 지속가능경영보고서 발간여부와 기부금 지출수준으로 측정하였으며, 회계정보의 질은 국내외 선행연구에 따라 이익지속성과 재량적 발생액으로 측정하였다.

실증분석결과는 다음과 같다.

첫째, 기업의 사회적 책임 활동 중 지속가능경영보고서 발간여부와 이익 지속성과의 관계에 대한 분석결과, 지속가능경영보고서 발간기업이 그렇지 않은 기업에 비해 이익 지속성 계수는 큰 것으로 나타났으나 통계적으로 유의성은 없는 것으로 나타났다. 기부금 지출액에 따른 이익 지속성과의 관계의 분석결과에서는 기부금 지출액이 평균보다 큰 기업이 그렇지 않은 기업의 이익 지속성 계수는 크고 통계적으로 유의한 것으로 나타났다.

둘째, 기업의 지속가능경영보고서 발간여부에 따른 재량적 발생액과의 관계에서는 유의한 음(-)의 관련성을 보이는 것으로 나타났으며, 기부금 지출액에 따른 재량적 발생액과의 관계에서도 유의한 음(-)의 관련성을 보이는 것으로 나타났다.

본 연구는 제조업이 아닌 금융업을 대상으로 사회적 책임 수준과 회계정보의 질 간의 관계를 실증적으로 분석하였다는 점에서 의미를 갖는다. 그러한 한편으로 회계정보의 질을 측정하는 다양한 변수들이 존재함에도 불구하고 이익지속성과 발생액의 질에 대한 변수만을 이용하였다는 점에서 한계점을 지닌다. 향후 연구에서는 회계정보의 질에 대한 대용변수로 이익반응계수, 이익의 정확성, 이익의 예측가능성, 이익의 유연성, 재무분석가의 이익 예측치 분산 등의 변수를 이용한 연구들이 진행될 수 있어야 할 것이다.

Chapter 05 금융업의 사회적 책임이 기업가치와 경영성과에 미치는 영향

1. 연구방법의 설계

(1) 연구가설의 설정

기업의 사회적 책임 활동에 대한 인식이 점차 변화하고 있으며, 많은 기업들이 사회적 책임 활동을 실천하고 있는 결과로 지속가능경영보고서를 발간한다. 지속가능보고서의 발간은 이해관계자들의 요구 파악과 지역사회의 기대와 요구 수준을 파악함으로써 기업의 신뢰성을 제고하여 기업가치 및 재무성과를 높이는 역할을 한다(권한섭 · 박종원, 2016).

이광윤(2011)은 기업의 사회적책임 성과가 기업의 재무적 성과와 기업가치에 미치는 영향에 대한 분석을 수행한 결과 종합적인 사회적책임 성과는 재무적 성과 및 기업가치에 정의 관련성을 보여주는 것으로 나타났으며, 천미림과 김창수(2011)의 연구에서도 지속적으로 우수한 사회적 책임을 수행한 기업이 그렇지 않은 기업에 비해 재무성과 및 경영성과에도 유의한 영향을 미치는 것으로 나타났다.

오근혜와 강승모(2014)는 지속가능지수 평가기업을 대상으로 기업의 지속가능경영활동이 재무적 성과나 기업가치에 미치는 영향을 실증 분석하였으며, 지속가능경영활동은 재무적 성과와 정(+)의 관련성을 가지는 것으로 나타났다. 또한 김숙연과 이상철(2016)의 연구에서도 지속가능경영보고서를 발행하는 기업이 그렇지 않은 기업에 비해 이익 지속성이 크다는 결과가 제시되었다.

이처럼 기업의 지속가능경영보고서 발간여부는 기업의 사회적 책임 활동의 성과 지표로 많이 활용되고 있으며, 기업이 자발적으로 지속가능경영보고서를 발간하는 것은 지속가능한 측면에서 기업가치 및 재무성과에 영향을 미친다는 긍정적인 신호로서 볼 수 있다.

이에 본 연구에서는 지속가능경영보고서 발간여부를 기업의 사회적 책임 활동의 적극적인 성과로 구분하고, 금융업을 중심으로 사회적 책임 활동과 기업가치 및 경영성과에 미치는 영향에 대해 분석해보고자 다음과 같이 〈연구가설 1〉과 〈연구가설 2〉를 설정한다.

[연구가설1] 금융업의 사회적 책임은 기업가치에 양(+)의 영향을 미칠 것이다.
[연구가설2] 금융업의 사회적 책임은 경영성과에 양(+)의 영향을 미칠 것이다.

(2) 연구모형

앞서 가설설정 논리에서 살펴본 바와 같이 기업의 사회적 책임과 기업가치 또는 경엉성과와의 관계를 분석한 국내·외 선행연구에서는 기업의 사회적 책임이 기업가치 또는 경영성과에 양(+)의 영향을 미치고 있다는 결과들을 제시하고 있다. 그러나 이와 같은 연구들은 대부분 제조 기업을 중심으로 한 연구로 금융업을 대상으로 한 연구는 전무한 실정이다.

이에 본 연구는 금융업의 사회적 책임 수준이 기업가치와 경영성과에 영향을 미치는지를 실증적으로 분석하는데 있다. 아래에 제시한 식(1)과 식(2)는 [연구가설1]을 검증하기 위한 실증분석 모형이다. 만일 기업이 수행하는 사회적 책임이 기업가치에 양(+)의 영향을 미친다면 α_1의 계수는 통계적으로 유의한 양(+)의 값을 가질 것으로 예상된다. 마찬가지로 기업이 당기에 수행하는 사회적 책임에 대한 성과가 차기 이후의 기업가치를 증가시킨다면 식(2)에서 α_1의 계수 또한 통계적으로 유의한 양(+)의 값을 갖게 될 것이다.

$$FV_t = \alpha_0 + \alpha_1 DCSR_t + \alpha_2 SIZE_t + \alpha_3 LEV_t + \sum YR + \epsilon_t \qquad \text{식(1)}$$

$$FV_{t+1} = \alpha_0 + \alpha_1 DCSR_t + \alpha_2 SIZE_{t+1} + \alpha_3 LEV_{t+1} + \sum YR + \epsilon_t \qquad \text{식(2)}$$

〈변수설명〉

FV_t	: t년도 기업가치(Tobin's Q)
$DCSR_t$	: t년도 지속가능경영보고서를 발간한 기업이면 1, 그렇지 않으면 0
$SIZE_t$	: 기업규모(총자산의 자연로그)
LEV_t	: 부채비율(부채총계/자본총계)
ΣYR	: 연도더미
ε	: 오차항

식(1)은 당기의 사회적 책임 수준이 당기의 기업가치에 미치는 영향을 분석하기 위한 모형이며, 식(2)는 당기의 사회적 책임이 차기의 기업가치에 미치는 영향을 분석하기 위한 모형이다. 기업이 수행하는 기부와 자선활동, 인권 및 환경보호 등의 다양한 사회적 책임에 대한 영향은 당기에 영향을 미칠 수도 있으나 이러한 일련의 활동에 대한 성과는 차이 이후의 기간에 나타날 수 있기 때문이다.

금융업의 사회적 책임에 대한 대용변수는 지속가능경영보고서의 공시여부로 측정하였으며, 이에 대한 공시여부는 대한상공회의소 산하 지속가능경영원 사이트를 통해 확인하였다. 즉, 표본기업 중 지속가능경영보고서를 공시한 기업은 1, 그렇지 않은 기업은 0의 값을 부여한 더미변수로 측정하였다.

위에 제시한 실증분석 모형에서 종속변수인 기업가치의 대용변수는 기업의 시장가치를 대체원가로 나눈 비율인 Tobin's Q를 이용하였다. 이에 대한 측정방법은 Chung & Pruitt(1994)의 방법에 따라 다음과 같이 측정하였다.

$$Tobin's\ Q = \frac{[(\text{보통주의 기말시가총액} + \text{우선주의 기말시가총액}) + \text{부채의 장부가치}]}{\text{자산의 장부가치}}$$

기존의 국내·외 선행연구에 따라 종속변수인 기업가치에 영향을 미치는 변수, 즉 통제변수로는 기업규모(SIZE)와 부채비율(LEV)을 모형에 포함하였다. 기업규모는 자산총계에 자연로그를 취하여 측정하였으며, 부채비율은 부채총계를 자본총계로 나누어 측정하였다.

기업규모가 증가할수록 기업의 내・외부적으로 사회적 책임에 대해 민감하게 반응하게 되고, 규모의 경제나 범위의 경제 등을 토대로 기업의 사회적 책임을 통해 수익창출능력이 증대될 수 있기 때문이다(나영・홍석훈, 2011)

부채비율은 기업의 채무상환능력 및 타인자본에의 의존도를 나타내는 비율로서 부채비율이 높을수록 기업의 위험이 증가함으로 이는 기업가치에 영향을 미칠 수 있으며, 이로 인해 기업이 수행하는 사회적 책임의 수준에 영향을 미칠 수 있기 때문에 통제변수로 모형에 포함하였다.

아래에 제시한 식(3)과 식(4)는 기업의 사회적 책임이 해당 기업의 경영성과에 미치는 영향을 실증분석하기 위한 모형이다. 식(1)과 식(2)와 유사하게 식(3)은 당기에 수행한 기업의 사회적 책임과 당기의 경영성과와의 관계를 분석하기 위한 모형이며, 식(4)는 당기에 수행한 사회적 책임에 대한 성과가 차기 이후에 나타날 수도 있기 때문에 이를 분석하기 위한 모형이다.

종속변수인 경영성과는 앞서 언급한 바와 같이 대표적 경영성과 지표 중 하나인 기업의 수익성 지표인 총자산이익률(ROA)로 측정하였다. 총자산이익률은 분자에 당기순이익 또는 영업이익을 이용할 수 있으며, 본 연구에서는 당기순이익을 이용하였다. 추가로 영업이익을 이용한 분석에서도 당기순이익을 이용한 결과와 유사한 것으로 나타났다.

기업의 경영성과에 영향을 미칠 수 있을 것으로 예상되는 통제변수로 기업규모, 부채비율, 성장성 변수를 실증분석 모형에 포함하였다.

기업규모(SIZE)와 부채비율(LEV)은 위에 제시한 식(1)과 식(2)의 방법과 동일한 방법으로 측정하였으며, 성장률(GROW) 변수는 매출액 성장률로 당기매출액에서 전기매출액을 차감한 후 전기매출액으로 표준화하여 측정하였다.

만일 기업이 수행하는 다양한 사회적 책임이 기업의 경영성과에 긍정적인 영향을 미친다면 식(3)과 식(4)의 α_1의 계수는 통계적으로 유의한 양(+)의 값을 가질 것으로 예상된다.

$$ROA_t = \alpha_0 + \alpha_1 DCSR_t + \alpha_2 SIZE_t + \alpha_3 LEV_t + \alpha_4 GROW_t + \sum YR + \epsilon_t \quad 식(3)$$

$$ROA_{t+1} = \alpha_0 + \alpha_1 DCSR_t + \alpha_2 SIZE_{t+1} + \alpha_3 LEV_{t+1} + \alpha_4 GROW_{t+1} + \sum YR + \epsilon_t \quad 식(4)$$

〈변수설명〉

ROA_t	: t년도 경영성과(총자산이익률=당기순이익/자산총계)
$DCSR_t$	: t년도 지속가능경영보고서를 발간한 기업이면 1, 그렇지 않으면 0
$SIZE_t$	: 기업규모(총자산의 자연로그)
LEV_t	: 부채비율(부채총계/자본총계)
$GROWV_t$	: 매출액성장률[(당기매출액-전기매출액)/전기매출액]
ΣYR	: 연도더미
ε	: 오차항

(3) 표본의 선정

본 연구에 이용된 표본은 2005년부터 2015년까지 유가증권시장 상장기업이며 금융업종을 대상으로 지속가능경영보고서를 발간한 기업을 대상으로 하였다. 지속가능경영보고서 발간 여부는 대한상공회의소 산하 지속가능경영원 사이트를 통해 확인하였으며, 재무자료 및 주가자료는 (주)한국신용평가의 Kis-Value를 이용하여 추출하였으며 실증분석을 위하여 SAS 9.1을 이용하였다. 〈연구가설1〉과 〈연구가설2〉를 검증하기 위해 실증분석에 이용된 최종 표본의 수는 총 669개(기업-년)이다.

① 유가증권시장 상장기업

② 금융업 및 보험업

③ 재무 및 주가자료를 입수할 수 있는 기업

2. 실증분석 결과

(1) 기술통계량

아래에 제시한 <표 17>은 실증분석 모형에 이용된 주요 변수들의 기술적 통계량을 제시하고 있다.

❙표 17❙ 변수들의 기술적 통계량

변 수	평 균	중위수	최대값	최소값	표준편차
FV	0.956	0.961	1.450	0.484	0.138
ROA	0.026	0.019	0.254	−0.671	0.050
DCSR	0.146	0.000	1.000	0.000	0.353
SIZE	27.794	28.586	33.253	22.800	2.929
LEV	5.164	2.792	21.630	0.000	7.506
GROW	165.152	0.026	8096.3	0.999	3328.3

<변수의 정의>

FV : t년도 기업가치(Tobin's Q)
ROA : t년도 경영성과(총자산이익률=영업이익/자산총계)
DCSR : 지속가능경영보고서를 발간한 기업이면 1, 아니면 0의 값을 갖는 더미변수
SIZE : 기업규모(총자산의 자연로그)
LEV : 부채비율(부채총계/자본총계)
GROW : 매출액성장률[(당기매출액−전기매출액)/전기매출액]

먼저 기업가치의 대용변수인 Tobin's Q의 평균값은 0.956, 최댓값은 1.450, 최솟값은 0.484로 나타났으며, 표준편차가 0.138로 나타나 기업규모가 적절하게 고려된 것으로 나타났다. 다음으로 기업의 경영성과의 대용변수인 총자산이익률(ROA)의 평균값은 0.026로 나타났으며, 최댓값 0.254, 최솟값 −0.671로 나타나 분석에 이용된 표본 중 손실을 보고한 기업이 포함되어 있음을 알 수 있다. 다음으로 기업의 사회적 책임에 대한 대용변수인 지속가능경영보고서의 공시여부(DCSR)의 평균값은 0.145으로서 실증분석에 이용된 전체 표본기업 중 약 14.6%에 해당하는 기업이 지속가능경영보고서를 자발적으로 공시한 것으로 나타났다.

통제변수로 이용된 기업규모(SIZE)의 평균값은 27.794, 최댓값은 33.253, 최솟값은 22.800으로 나타났으며, 부채비율(LEV)의 평균값은 5.164, 매출액성장률(GROW)의 평균값은 165.152인 것으로 나타났다.

(2) 상관관계분석

아래에 제시한 〈표 18〉은 실증분석 모형에 이용된 주요 변수들 간의 피어슨 상관관계 분석결과를 제시하고 있다.

| 표 18 | 주요 변수들의 상관관계 분석

변 수	FV	ROA	DCSR	SIZE	LEV	GROW
FV	1					
ROA	0.000	1				
DCSR	0.230***	0.007	1			
SIZE	0.275***	−0.275***	0.396***	1		
LEV	0.237***	−0.286***	0.013	0.450***	1	
GROW	−0.055	0.196***	−0.052	−0.052	−0.032	1

주) 1. 변수의 정의는 〈표 17〉의 하단과 동일함
2. 피어슨 상관관계분석 결과임
3. ***, **, *는 각각 1%, 5%, 10% 수준에서 유의함

기업의 사회적 책임(DCSR)과 기업가치(FV)와의 관계는 앞서 가설설정 논리와 유사하게 통계적으로 1% 유의수준에서 유의한 양(+)의 상관관계(0.230)가 있는 것으로 나타났으나, 경영성과(ROA)와는 유의한 상관관계(0.007)가 없는 것으로 분석되었다. 그러나 상관관계 분석은 단일변량 분석방법에 해당하는 것으로 보다 정확한 결과를 제시하기 위해서는 기업가치와 경영성과에 영향을 미칠 수 있는 다양한 통제변수를 포함한 다중회귀분석 결과를 고려해야 할 것이다.

기업규모(SIZE)와 기업의 사회적 책임은 통계적으로 유의한 양(+)의 상관관계가 있는 것으로 분석되었다. 이러한 결과는 기업규모가 클수록 다양한 사회적 책임을 수행한다는 선행연구 결과와 일치하는 결과이다. 다음으로 기업의 사회적 책임과

부채비율(LEV), 매출액성장률(GROW) 변수와는 통계적으로 유의한 상관관계가 없는 것으로 분석되었다.

(3) 실증분석결과

아래에 제시된 〈표 19〉는 기업이 수행하는 사회적 책임이 기업가치에 미치는 영향을 분석하기 위한 다중회귀분석 결과를 제시하고 있다. 먼저 당기에 수행한 기업의 사회적 책임과 당기의 기업가치와의 관계를 분석한 결과를 살펴보면 기업의 사회적 책임의 대용변수인 DSCR의 계수값이 0.069(t=4.42) 나타났으며, 이는 통계적으로 1% 유의수준에서 유의한 양(+)의 값을 갖는 것으로 나타났다. 이러한 결과는 기업이 당기에 수행하는 다양한 사회적 책임은 당기의 기업가치를 향상시키는데 있어 긍정적인 영향을 미친다는 실증적 증거를 뒷받침하는 결과라 할 수 있다. 다음으로 기업이 수행하는 당기의 사회적 책임이 차기 이후의 기업가치에 영향을 미치는지를 회귀분석 한 결과 DSCR의 계수값은 0.061(t=3.81)로 1% 유의수준에서 유의한 양(+)의 값을 갖는 것으로 분석되었다.

이러한 결과는 앞서 가설설정 논리와 유사한 결과로서 기업의 수행하는 지속적인 사회적 책임은 기업가치를 향상시키는 데 있어 기여하고 있으며, 기업가치가 높은 기업 또한 기업의 사회적 책임에 주의를 기울이고 있음을 보여주고 있는 결과라 할 수 있다. 뿐만 아니라 기업이 수행하는 사회적 책임이 단순히 기업의 이해관계자들을 관리하기 위한 활동이 아닌 지속가능경영을 위한 전략적 경영방식으로 자리잡아가고 있음을 보여주는 결과라 할 수 있다. 뿐만 아니라 이러한 결과는 자본시장 참여자들이 기업이 수행하는 다양한 사회적 책임에 대해 긍정적으로 평가하고 있음을 알 수 있는 결과이다.

▌표 19▐ 사회적 책임과 기업가치와의 관계

독립변수 \ 모 형	종속변수: FV_t기		종속변수: FV_t+1기	
	Coeff.	T-value	Coeff.	T-value
절 편	0.766	13.46***	0.768	13.56***
DCSR	0.069	4.42***	0.061	3.81***
SIZE	0.005	2.74***	0.005	2.80***
LEV	0.003	4.31***	0.003	4.07***
연도더미	포 함			
F-value	29.71***		26.45***	
수정R^2	0.114		0.108	
표본 수	669		627	

주) 1. 변수의 정의는 〈표 17〉의 하단과 동일함

2. ***, **, *는 각각 1%, 5%, 10% 수준에서 유의함

아래의 〈표 20〉은 기업이 수행하는 사회적 책임과 경영성과의 관련성을 회귀분석한 결과를 제시하고 있다. 분석결과 기업의 사회적 책임과 경영성과와의 관계를 나타내는 DCSR의 계수값은 0.014(t=2.58)로 통계적으로 유의한 양(+)의 값을 갖는 것으로 분석되었다. 이는 위에서 제시한 기업가치와의 관련성을 분석한 연구결과의 통계적 유의성보다 다소 낮아진 결과이다. 그럼에도 불구하고 이와 같은 결과는 기업이 수행하는 자선 및 기부활동, 인권 및 환경보호, 이산화탄소 배출 감소 등의 사회적 책임이 해당 기업의 경영성과를 향상시키는데 있어 기여하고 있음을 실증적으로 뒷받침하는 결과라 할 수 있다.

당기에 수행하는 기업의 사회적 책임에 대한 긍정적 영향이 차기 이후에 나타날 수 있는지에 대한 분석결과에서도 DSCR의 계수값은 0.013 (t=2.26)으로 통계적으로 유의한 양(+)의 값을 갖는 것으로 나타났다.

이러한 결과 또한 기업의 사회적 책임은 미래의 경영성과에 긍정적 영향을 미칠 수 있음을 시사하는 결과이다. 즉, 기업은 당기의 경영성과를 향상시키는 것뿐만 아니라 미래의 지속가능한 경영을 위해서도 다양한 사회적 책임을 지속적으로 수행할 수 있어야 할 것이다.

❙ 표 20 ❙ 사회적 책임과 경영성과와의 관계

독립변수 \ 모 형	종속변수: ROA_t기		종속변수: ROA_t+1기	
	Coeff.	T-value	Coeff.	T-value
절 편	0.136	6.75***	0.135	6.50***
DCSR	0.014	2.58**	0.013	2.26**
SIZE	-0.003	-5.05***	-0.003	-4.80***
LEV	-0.001	-4.42***	-0.001	-4.40***
GROW	0.000	5.04***	0.000	4.95***
연도더미	포 함			
F-value	29.32***		27.91***	
수정R^2	0.145		0.146	
표본 수	669		627	

주) 1. 변수의 정의는 〈표 17〉의 하단과 동일함
2. ***, **, *는 각각 1%, 5%, 10% 수준에서 유의함

3. 소결론

최근 기업경영의 패러다임은 지식경영에서 지속가능경영으로 전환되었다. 지속가능경영이란 경제적 신뢰성, 환경적 건전성, 사회적 책임성을 바탕으로 지속가능한 발전을 추구하는 경영을 의미한다. 즉, 경제적 성과인 기업의 이윤만을 추구하는 것이 아닌 환경적・사회적 성과와 조화를 이룰 수 있을 때 지속가능경영이 가능해질 수 있다는 의미이다. 최근의 지속가능경영은 선택이 아닌 필수가 되었다.

이러한 최근의 경영환경의 변화 속에서 기업은 자선 및 기부활동, 인권 및 환경보호 활동 등 다양하고 직속적인 사회적 책임을 수행하고 있으며, 이러한 사회적 책임과 관련된 다양한 국내・외 선행연구들이 진행되고 있다. 특히, 기업이 수행하는 사회적 책임과 기업가치 및 재무적 성과와의 관련성을 분석한 연구들은 기업의 사회적 책임이 기업가치와 재무적 성과와 양(+)의 관련성이 있다는 연구결과를 제시하고 있다. 즉, 기업가치와 재무적성과를 향상시키는데 있어 기업의 사회적 책임이

매우 중요한 전략으로 활용되고 있음을 보여주고 있다.

그러나 이와 같은 선행연구들은 주로 제조 기업을 중심으로 이루어진 연구들로 금융업을 대상으로 한 연구는 활발하게 진행되지 못하고 있는 실정이다. 이에 본 연구는 제조 기업이 아닌 2005년부터 2015년까지의 기간 동안 유가증권시장 상장 기업 중 금융 및 보험업에 해당하는 기업을 대상으로 사회적 책임과 기업가치 및 경영성과와의 관련성을 분석하였다. 가장 주요한 변수인 기업의 사회적 책임에 대한 변수는 지속가능경영보고서의 자발적 공시여부로 측정하였다.

실증분석 결과는 첫째, 기업이 수행하는 사회적 책임과 기업가치는 통계적으로 유의한 양(+)의 관련성을 갖는 것으로 나타났다. 기업의 사회적 책임은 당기의 기업가치 뿐만 아니라 미래의 기업가치에 양(+)의 영향을 미치고 있다는 결과를 제시하였다. 즉, 이러한 결과는 자본시장 참여자들은 기업의 사회적 책임을 긍정적 신호로 인지하고 있음을 뒷받침하는 결과라 할 수 있다.

둘째, 기업의 사회적 책임은 당기의 경영성과 뿐만 아니라 미래의 경영성과에도 통계적으로 유의한 양(+)의 영향을 미치고 있다는 연구결과를 제시하였다.

본 연구는 상장기업 중 금융업의 사회적 책임과 기업가치 및 경영성과와의 관련성을 분석한 연구로 향후 금융업의 적극적인 사회적 책임의 수행을 유도하고, 기업가치와 경영성과를 향상시키기 위해서는 기업이 수행하는 지속적인 사회적 책임의 중요성을 제고할 수 있다는 측면에서 시사하는 바가 클 것으로 예상된다. 다만, 향후 연구에서는 기업이 수행하는 사회적 책임에 대한 다양한 대용변수의 측정방법을 이용함으로써 연구결과의 강건성을 향상시킬 수 있어야 할 것이다.

Chapter 06

결론 및 시사점

1. 연구결과 및 시사점

본 연구는 금융업을 대상으로 하여 금융업의 사회적 책임이 회계정보의 질, 기업가치, 경영성과에 미치는 영향을 크게 세 가지 측면에서 실증분석을 하였다.

첫째, 기업의 사회적 책임의 자발적인 활동인 지속가능경영보고서 발간여부와 회계정보와의 가치 관련성에 대한 분석 및 사회적 책임 비용 중 사회적 책임 지출이 높은 기업을 적극적인 사회적 책임 기업으로 구분하고 기부금과 복리후생비를 각각 외부 사회적 책임과 내부 사회적 책임 대용변수로 측정하여 회계정보와의 가치 관련성에 대한 분석을 실시하였다.

실증분석결과는 다음과 같다.

기업의 사회적 책임의 측정치인 지속가능경영보고서를 자발적으로 공시한 기업이 공시하지 않은 기업에 비해 순자산과 회계이익에 대한 가치관련성이 보다 높은 것으로 나타났다. 이러한 결과는 사회적 책임을을 적극적으로 수행하는 기업의 회계정보의 유용성이 그렇지 않은 기업에 비해 높다는 것을 의미한다.

사회적 책임을 내부와 외부로 구분하여 회계정보의 가치 관련성을 분석한 결과 외부 사회적 책임의 수준이 높은 기업의 순자산과 회계이익의 가치 관련성이 외부 사회적 책임 수준이 낮은 기업의 가치 관련성보다 높은 것으로 나타났다. 그러나 외부 사회적 책임 수준에 대한 분석결과와 달리 내부 사회적 책임 수준이 높은 기업의 회계정보 가치 관련성이 내부 사회적 책임 수준이 낮은 기업의 회계정보 가치

관련성보다 오히려 낮은 것으로 나타났다. 이러한 결과는 회계정보의 가치관련성이 주로 자본시장에 참여하는 외부 이해관계자들에 의해 결정되는 것으로서 내부 이해관계자들을 대상으로 한 사회적 책임보다 외부 이해관계자들을 대상으로 한 사회적 책임과 보다 밀접한 관련이 있기 때문인 것으로 해석될 수 있을 것이다.

둘째, 금융업을 중심으로 한 기업의 사회적 책임 활동에 따라 회계정보의 질에 어떠한 영향을 미치는 지에 대해서 살펴보았으며, 회계정보의 질을 이익의 질과 발생액의 질 2가지 측면으로 나누어 회계정보의 질에 미치는 영향에 대해서 실증분석하였다.

실증분석결과는 다음과 같다.

기업의 사회적 책임 중 지속가능경영보고서 발간여부와 이익 지속성과의 관계에 대한 분석결과, 지속가능경영보고서 발간기업이 그렇지 않은 기업에 비해 이익 지속성 계수는 큰 것으로 나타났으나 통계적으로 유의성은 없는 것으로 나타났다. 기부금 지출액에 따른 이익 지속성과의 관계의 분석결과에서는 기부금 지출액이 평균보다 큰 기업이 그렇지 않은 기업의 이익 지속성 계수는 크고 통계적으로 유의한 것으로 나타났다.

기업의 지속가능경영보고서 발간여부에 따른 재량적 발생액과의 관계에서는 유의한 음(-)의 관련성을 보이는 것으로 나타났으며, 기부금 지출액에 따른 재량적 발생액과의 관계에서도 유의한 음(-)의 관련성을 보이는 것으로 나타났다.

셋째, 금융업을 중심으로 한 기업의 사회적 책임과 기업가치 및 경영성과와의 연구에 대해서 살펴보았다. 금융업의 사회적 책임 활동을 지속가능경영보고서 발간여부로 구분하고 지속가능경영보고서를 발간한 기업과 그렇지 않은 기업 간에 기업가치 및 경영성과에 차이가 있는지에 대한 연구를 수행하였다.

실증분석 결과는 다음과 같다.

기업이 수행하는 사회적 책임과 기업가치는 통계적으로 유의한 양(+)의 관련성을 갖는 것으로 나타났다. 기업의 사회적 책임은 당기의 기업가치 뿐만 아니라 미래의 기업가치에 양(+)의 영향을 미치고 있다는 결과를 제시하였다. 즉, 이러한 결과는 자본시장 참여자들은 기업의 사회적 책임을 긍정적 신호로 인지하고 있음을 뒷받침하는 결과라 할 수 있다.

기업의 사회적 책임은 당기의 경영성과 뿐만 아니라 미래의 경영성과에도 통계적으로 유의한 양(+)의 영향을 미치고 있다는 연구결과를 제시하였다.

본 연구와 기존 선행연구와의 차별성과 시사점은 다음과 같다.

국내・외 많은 선행연구에 따르면 기업이 수행하는 사회적 책임을 적극적으로 수행할 때 비로소 기업가치와 회계정보의 유용성이 향상될 수 있음을 지적하고 있다. 그러나 이와 같은 연구들은 대부분 제조 기업을 대상으로 한 연구로서 제조기업에 비해 상대적으로 보다 높은 수준의 사회적 책임을 요구하는 금융업에 적용하는데 한계가 있었다. 이에 본 연구는 금융업을 대상으로 기업이 수행하는 사회적 책임은 회계정보의 유용성과 매우 밀접한 관계를 가지고 있으며, 특히 사회적 책임 수준이 높은 기업이 낮은 기업에 비해 회계정보의 유용성이 높다는 것을 실증함으로써 제조업이 아닌 금융업을 대상으로 사회적 책임 수준과 회계정보의 질 간의 관계를 실증적으로 분석하였다는 측면에서 의미를 갖는다.

또한 본 연구는 상장기업 중 금융업의 사회적 책임과 기업가치 및 경영성과와의 관련성을 분석한 연구로 향후 금융업의 적극적인 사회적 책임의 수행을 유도하고, 기업가치와 경영성과를 향상시키기 위해서는 기업이 수행하는 지속적인 사회적 책임의 중요성을 제고할 수 있다는 측면에서 시사하는 바가 클 것으로 예상된다.

결론적으로 본 연구는 제조업 중심의 기업의 사회적 책임과 관련된 연구를 금융업을 대상으로 기업의 사회적 책임과 기업의 회계정보의 질, 기업가치, 재무성과 등 경영성과에 관한 실증연구를 수행함으로써 기업의 사회적 책임에 대한 연구영역을 확장하였다는 공헌점이 있다.

2. 연구의 한계 및 향후 연구방향

본 연구는 금융업종의 기업이 수행하는 사회적 책임은 회계정보의 유용성과 매우 밀접한 관계를 가지고 있으며, 특히 사회적 책임 수준이 높은 기업이 낮은 기업에 비해 회계정보의 유용성이 높다는 것을 알 수 있다.

또한 본 연구를 통하여 금융업의 사회적 책임 활동이 기업 가치를 향상시키고 재무성과를 증대시키는 연구결과가 제시된다면 금융업의 사회적 책임을 일반기업과 동일하게 경쟁력 차원에서 전략적으로 접근하여 경쟁적 우위를 창출할 수 있는 원천으로 인식해볼 수 있는 시사점을 제시해 볼 수 있을 것이다.

본 연구는 상장기업 중 금융업의 사회적 책임과 기업가치 및 경영성과와의 관련성을 분석한 연구로 향후 금융업의 적극적인 사회적 책임의 수행을 유도하고, 기업가치와 경영성과를 향상시키기 위해서는 기업이 수행하는 지속적인 사회적 책임의 중요성을 제고할 수 있다는 측면에서 시사하는 바가 클 것으로 예상된다.

또한 제조업이 아닌 금융업을 대상으로 사회적 책임 수준과 회계정보의 질 간의 관계를 실증적으로 분석하였다는 점에서 의미를 갖는다.

본 연구는 다음과 같은 한계점을 갖는다. 본 연구의 결과는 금융업을 표본으로 선정하여 기업의 사회적 책임과 기업의 다양한 성과와의 관련성을 실증 분석한 논문으로서 표본선택에서의 편의의 문제와 분석결과에 대한 해석을 일반화하는데 있어서 한계점을 가진다.

또한 본 연구에서는 기업의 사회적 책임의 대용변수로 복리후생비와 기부금을 사용하였으나, 이들 변수가 내부 및 외부 사회적 책임을 대표할 수 없다는 한계점이 있다.

추후 연구에서는 사회적 책임을 유형별로 구분하고 다양한 사회적 책임 지출 비용 등을 추가하여 분석해보는 연구도 의의가 있을 것이다. 또한 지속가능경영보고서는 동일한 기준에 맞게 작성되어 발행하고 있으므로 금융업과 비금융업 간의 사회적 책임과 회계정보와의 가치 관련성 차이에 대한 연구를 수행해보는 것도 좋은 연구주제가 될 수 있을 것이다.

한편으로 회계정보의 질을 측정하는 다양한 변수들이 존재함에도 불구하고 이익 지속성과 발생액의 질에 대한 변수만을 이용하였다는 점에서 한계점을 지닌다. 향후 연구에서는 회계정보의 질에 대한 대용변수로 이익반응계수, 이익의 정확성, 이익의 예측가능성, 이익의 유연성, 재무분석가의 이익예측치 분산 등의 변수를 이용한 연구들이 진행될 수 있어야 할 것이다.

다만, 향후 연구에서는 기업이 수행하는 사회적 책임에 대한 다양한 대용변수의 측정방법을 이용함으로써 연구결과의 강건성을 향상시킬 수 있어야 할 것이다.

▣ 참고문헌

강진구, 문정빈(2012), "기업의 사회적 책임 보고서와 사회적 책임 성과간의 관계에 대한 연구 : 지배구조와 보고서 발간 빈도의 조절효과", 경영학연구, 41(4), 643-661.

고성천, 박래수(2011), "기업의 사회적 책임 결정요인과 기업가치", 세무와 회계저널, 12(2), 105-113.

국찬표, 강윤식(2009), "기업의 사회적 책임, 지배구조 및 기업가치", 한국증권학회지, 40(5), 713-748.

권한섭, 박종원(2016), "금융업의 사회공헌활동과 회계정보의 가치관련성", 상업교육연구, 30(5), 209-230.

금융위원회, http://www.fsc.go.kr/, "서민의 자활지원을 위한 미소금융(마이크로 그레딧)사업 대폭확대" 보도자료(2009.09.17)

김백준 (2013), "은행의 윤리경영이 조직성과에 미치는 영향에 관한 연구: 사회적 책임과 공헌활동을 매개변수로", 경성대학교 대학원 석사학위논문.

김성택(2012), CSR5.0, 도서출판 청람

김소영, 정진영, 사복적(2015), "기업의 사회적 책임성과와 회계성과와의 관계-U자 관계 모형을 중심으로", 국제e-비즈니스학회, 16(1), 203-230.

김숙연(2014), "기업의 사회공헌활동과 기업가치와의 관련성", 사회적경제와정책연구, 3(2), 103-123.

김숙연, 이상철(2016), "기업의 사회적 책임 활동에 대한 자발적 공시와 이익의 지속성", 상업교육연구, 30(2), 165-184.

김숙연, 정수현, 김재환, 남윤명(2014), "서비스기업의 사회적 책임 활동과 기업가치와의 관련성", 서비스경영학회지, 15(2), 311-331.

김영준, 최준환(2011), "중국상업은행의 CSR유형분석-중국민생은행의 사회적 책임활동 사례를 중심으로", 중소연구 35(2), 107-145.

김영화(2013), "기업의 사회적 공헌 비용이 기업가치에 미치는 영향", 회계정보리뷰,

18, 21-33.

김영훈(2016), "은행의 소유구조가 환경 및 사회공헌활동에 미치는 영향", 전남대학교 석사학위논문.

김용현, 장승욱, 강지은(2015), "기업의 CSR과 장기 재무성과", 글로벌경영학회지, 12(2), 157-179.

김창수(2009), "기업의 사회적 책임과 기업가치", 한국증권학회지, 38(4), 507-545.

나영, 홍석훈(2011), "기업규모에 따른 CSR활동과 기업가치에 대한 실증분석", 회계저널, 20(5), 125-160.

류성경(2003.3.7), "금융기관 사회적 책임의 의의와 중요성", 한국보험신문.

박미영, 이상주, 김은주(2014), "기업의 사회적 책임과 조세회피", 상업교육연구, 28(2), 69-98.

박헌준, 이종건(2002), "기부와 환경보호 : 기업의 사회공헌활동과 재무적 성과간의 관계에 관한 실증적 연구", 인사조직연구, 10(1), 95-133.

서울파이낸스, 2102년 10월 26일자, 은행의 사회적 책임 경영 방향

서위, 박미영(2015), "중국 상장기업의 사회적 책임이 기업가치에 미치는 영향", 재무와 회계정보저널, 15(3), 103-125.

손성규, 고재민, 백혜원(2009), "발생액의 질의 회계정보 유용성", 회계정보연구, 27(2), 273-304.

양형모, 윤태화(2015), "기업의 사회공헌활동과 가치관련성에 관한 연구", 회계정보연구, 33(1), 25-52.

이광윤(2011), "기업의 사회적 책임이 회계이익조정 및 재무적 성과와 기업가치에 미치는 영향-경제정의지수를 중심으로", 고려대학교 박사학위논문.

이균봉, 지상현, 류예린(2012), "기업지배구조와 이익조정의 관련성 연구", 국제회계연구, 32, 33-52.

이명순, 김용(2015), "사회적 책임이 기업가치에 미치는 영향에 관한 연구 : 통합지표(ESG와 KEJI)의 비교를 중심으로", 상업교육연구, 29(6), 345-274.

이윤경, 고종권(2013), "기업의 사회적 책임이 내재자본비용과 정보비대칭에 미치는 영향", 회계저널, 22(5), 159-193.

이윤복(2016), “기업의 사회적 책임이 은행 고객의 충성도 및 부정적 정보 저항에 미치는 영향”, 세종대학교 대학원 박사학위논문.

이은주(2016), “금융회사의 사회적 책임 활동의 중요성과 웨스트팩 은행 사례”, 월간금융경제동향, 6(8), 18-25.

이정엽, 송은주(2014), “지속적인 CSR 활동이 회계정보의 질에 미치는 영향”, 회계연구, 19(2), 121-148.

이태규(2011), 은행의 사회적 책임에 대한 잘못된 인식, http://www.keri.org/web/, 검색일 2017.06.17

장발장은행, http://www.jeanvaljeanbank.com/, 검색일 2017.06.17

장지경(2015), “기업의 사회적 책임 활동과 기업가치의 관련성에 관한 연구”, 한국콘텐츠학회논문지, 15(6), 455-452.

장지인, 최헌섭(2010), “기업의 사회적 책임과 재무성과와의 관계”, 대한경영학회지, 23(2), 633-648.

장철(2014), “지속가능보고서를 통한 자발적 비재무정보공시가 자기자본비용에 미치는 영향”, 국제경상교육연구, 11(2), 1-32.

전국금융산업노동조합(2007), 사회적 책임 수행을 위한 금융 노사의 협력방안 연구.

전규안, 김재준, 오웅락(2009), “원가효율성의 가치관련성에 관한 연구”, 회계학연구, 29(3), 407-432.

전인(2010), “대구은행의 지속가능경영에 관한 사례연구”, 경영사학, 25(2), 131-160.

조문기, 김숙연(2014), “기업의 사회적 책임과 이익의 질에 관한 연구”, 세무회계연구, 41, 213-23.

천미림, 김창수(2011), “CSR의 지속성이 CSR과 재무성과의 관계에 미치는 영향”, 회계정보연구, 29(3), 351-374.

최원욱, 배지헌, 김상일(2009), “기부금 지출이 기업가치에 미치는 영향”, 경영학연구, 38(6), 1416-1443.

최운열, 이호선, 홍찬선(2009), “기업의 사회공헌활동이 기업가치에 미치는 영향: 기부금 지출을 중심으로”, 경영학연구, 38(2), 407-432.

최정호(2008), “이익의 질과 기업가치에 관한 실증적 연구”, 한국증권학회지, 37(5),

815-839..

최현정, 문두철(2013), “기업의 사회적 책임과 회계투명성간의 관계”, 회계학연구, 38(1), 135-171.

한경희, 이계원(2013), “기업의 사회적 책임에 따른 이익지속성과 기업가치”, 기업경영연구, 20(6), 251-272.

황호찬(2013), “기업의 비재무적정보가 기업가치에 미치는 영향”, 회계정보연구, 27(3), 215-236.

IBK경제연구소(2017), “중소기업의 수출장벽으로 부상하는 사회적책임(CSR)”

Anderson, M., Y. Hong, and L. Olsen (2012), “Accrual Quality and Corporate Social Responsibility : The Role of Industry”, Journal of Accounting and Finance, 12(2), 65-79.

Bowman, E. H. and Haire, M. (1975), “A strategic posture toward corporate social responsibility”, California Management Review, 18(2), 49-58.

Buono, A. F. and Nicholas, L. T. (1990), “Stockholder and Stakeholder of Business Social Role in W. M. Hoffman and J. M. Moore(eds)”, Business.

Carroll, Archie B. (1979), “A Three-Dimensional Conceptual Model of Corporate Performance”, Academy of Management Review, 4(4), 497-505.

Choi, T. and J. Pae (2011), “Business Ethics and Financial Reporting Quality : Evidence from Korea”, Journal of Business Ethics, 103, 403-427.

Chung, K.H., and S.W. Pruitt (1994), “A Simple Approximation of Tobin's Q”, Financial Management, 23, 70-74.

Cochran, P., and R. Wood. (1984), “Corporate Social Responsibility and Financial Performance”, Academy of Management Journal, 27, 42-56.

Collins, D. W., M. Pincus, and H. Xie (1999), “Equity Valuation and Negative Earnings: The Role of Book Value of Equity”, The Accounting Review 74, 29-61.

Comiskey, E. (1982), “Assessing Financial Quality : An organizing theme for credit analysis”, Journal of Commercial Bank Lending, 32-47.

Dahlsrud (2008), How Corporate Social Responsibility is Defined: an Analysis of 37

Definitions

David, Keith. (1973), "The Case for and against Business Assumption of Social Responsibilities", Academy of Journal, 16, 312-322.

Dechow, P. M., and I. Dichev (2002), "The Quality of Accruals and Earnings: The Role of Accrual Estimation Error", The Accounting Review, 77, 35-59.

Freeman, R.E. (1984), Strategic management: A stakeholder approach, Boston : Pitman Publishing.

Garbett, T. (1988), "How to Build a Corporation's Identity and Project its Image", Lexington, MA : Lexington Books.

Harold, Johnson, (1971), "Business in Contemporary Society, Framework and Issue, Belmont, Wadsworth.

Hayn, C. (1995), "The Information Content of Losses", Journal of Accounting and Economics, 20, pp.125-153.

Heinze, D. C. (1976), "Financial correlates of a social involvement measure", Akron Business and Economic Review, 48-51.

Hollander, M. (1970), "A Distribution-free test for parallelism", Journal of the American Statistical Association, 65, 387-394.

Jaffe, A. S. Peterson, P. Portney, and R. Stavins. (1995), "Environmental Regulation and the Competitiveness of US Manufacturing : What Does the Eviednce Tell Us", Journal of Economic Literature, SS(March), 132-163.

Johnson, H.L.(1971), Business in Contemporary Society: Framework and issues. Belmont: Wadsworth

Kim, J. Y., Li, and L. Zhang. (2011), "Corporate Tax Avoidance and Stock Price Crash Risk: Firm-level Analysis", Journal of Financial Economics, 100, 639-662.

Kormendi, R. C. and R. Lipe. (1987), "Earnings innovations, Earning Persistence, and Stock Returns", Journal of Business, 60, 323-346.

McGuire, J., Sundgren A. and Schneewies T. (1998), "Corporate Social Responsibility and Firm Financial Performance", Academy of Management Journal, 31,

854-872.

Moskowitz, Milton R. (1972) "Choosing Socially Responsible Stocks", Business and Society Review, 1, 71-75.

Ohlson, J. A. (1995), "Earnings, Book Values and Dividends in Security Valuation", Comtemporary Accounting Research, 11, 661-687.

Pava, M. L., and J. Krausz (1996), "The Association between Corporate Social Responsibility and Financial Performance: The Paradox of Social Cost", Journal of Business Ethics, 15, 321-357.

Preston, Lee E., and Douglas P. O'Bannon. (1997), "The Corporate social-financial performance relationship", Business and Society, 36(4), 419-429.

Rowley, T. and S. Berman. (2000), "A Brand New Brand of Corporate Social Performance", Business and Society, 39(4), 397-418.

Uzzi, Brian. (1997), "Social Structure and Competition in Interfirm Networks: The Paradox of Embeddedness", Administrative Science Quarterly, 42, 35-67.

Vogel, D.(2005), The Market for Virtue(The Potential and Limits of Corporate Social Responsibility), Brookings Inst Pr.

금융업의 사회적 책임이 회계정보의 질, 기업가치, 경영성과에 미치는 영향

2017년 10월 27일 | 초판 인쇄
2017년 10월 31일 | 초판 발행

지 은 이 | 권한섭
발 행 인 | 김은중
발 행 처 | 서울경제경영출판사
북디자인 | (주)우일미디어디지텍

주 소 | 03767 서울특별시 서대문구 신촌로 205, 506호
전 화 | 02)313-2682
팩 스 | 02)313-8860

등 록 | 1998년 1월 22일 제5-63호

ISBN 978-89-97937-52-3 93320 정가 12,000원